Petra Hagen

HEITER BIS BEDENKLICH

Lustiges, Besinnliches und Erlebtes mit viel Gefühl

novum pro

www.novumverlag.com

Bibliografische Information
der Deutschen Nationalbibliothek:

Die Deutsche Nationalbibliothek
verzeichnet diese Publikation in
der Deutschen Nationalbibliografie.
Detaillierte bibliografische Daten
sind im Internet über
http://www.d-nb.de abrufbar.

© 2014 novum publishing gmbh

ISBN 978-3-99038-423-7
Lektorat: Christine Schranz
Umschlagfoto: Petra Hagen
Umschlaggestaltung, Layout & Satz:
novum publishing gmbh
Innenabbildungen: Petra Hagen (25)

www.novumverlag.com

LEBENSERFAHRUNG

FREUNDE

Freunde sind geheime Ecken,
kannst dort ruhn im Stillen.
Freunde sind wie Kuscheldecken,
die dich weich umhüllen.
Freunde sind stets offene Arme,
die dich warm umfangen,
die, bist du einmal in Not,
helfend nach dir langen.
Freunde sind wie Blumenwiesen
unter Sonnenstrahlen,
bist du glücklich, willst genießen,
lass hinein dich fallen.

Ein guter Freund verleiht dir Mut,
ficht alles mit dir aus,
doch
tut ein Freund dir nicht mehr gut,
ja, – dann sortier ihn aus.

ACH, WENN ICH DOCH!

Ach, wenn ich nur erwachsen wär, oh ja, das wünsche ich mir sehr.
Du bist erwachsen, das gefällt dir, denn endlich, endlich bist du älter.

Wenn ich mein eigenes Auto hab,
dann wird es schön, dann geht es ab.
Du hast ne Karre, die gefällt dir, auch bist du wieder etwas älter.

Hätt ich nur schon ein eigenes Haus,
wie säh die Welt gleich anders aus.
Du hast dein Haus und das gefällt dir und bist und fühlst dich
Jahre älter.

Kinder zu haben ist famos, nur – wären sie doch endlich groß.
Nun sind sie groß und das gefällt dir,
doch, ach – du wirst ja immer älter!
Drei Jahre noch, die halt ich aus, dann springt ein neues Auto raus.
Die Limousine, sie gefällt dir, drei Jahre bist du wieder älter.

Sind erst die Kinder aus dem Haus,
dann geht's auf Reisen, nix wie raus.
Du gehst auf Reisen, das gefällt dir,
die Zeit reist mit und macht dich älter.

Scheiß-Job, wenn ich erst Rentner bin,
such ich ein Hobby mir mit Sinn.
Das Rentnerdasein, es gefällt dir,
doch bist du grau nun und viel älter.

Der Tag kommt, wo du alles hast,
doch es wird immer mehr zur Last.
Das Auto ist dir viel zu groß, Arbeit schaffst du mit Mühe bloß,
die Kinder fort, das Haus ist leer, sogar das Reisen fällt dir schwer,
benötigst Ruhe immer mehr und denkst – wenn ich doch jünger wär!

ALTE MENSCHEN

So manch einer wird sich fragen,
Wie viel kann ein Greis ertragen,
Wenn er müd ist und betagt,
Und kein Mensch mehr nach ihm fragt.
Einsam in der Wohnung sitzt,
Niemandem mehr wirklich nützt,
Hilflos zitternd seine Hände,
Sein erschöpfter Blick spricht Bände.
Mühsam läuft er jeden Schritt,
Denn der Schmerz geht immer mit.
Rheuma steckt ihm in den Knochen,
Kann nicht mehr alleine kochen,
Seine Seele ist am Weinen,
Ansprechpartner hat er keinen,
Denn nach Ehejahren, langen,
Ist der schon vor ihm gegangen.
Fleht zu Gott: „Was soll ich tun,
Kann ich nicht auch bei dir ruh'n?
Fühl mich nicht mehr wohl hienieden,
Sehn mich nach des Himmels Frieden.
Bin ohne Partner so allein,
Ach bitte, lass mich bei ihm sein!"

Doch der liebe Gott bleibt stumm,
Des Alten Zeit ist noch nicht um.
Der greise Mensch, er muss noch warten,
Auf seine Fahrt zum Himmelsgarten.

AUSSICHT AUF EINSICHT

Vor irgendwas ist jeder auf der Flucht.
Und irgendwas hat jeder, das er sucht.
Und jeden trog wohl irgendwann der Schein
Dann fiel er glatt auf irgendwen herein.

Gelogen hat wohl auch schon mal ein jeder,
der eine früher und der andere später.
Dann machte er ganz gern und schnell die Mücke,
und hatte auch mal leicht die Faxen dicke.

Auch dir war sicher einmal alles wurst,
und du trankst gerne einen übern Durst.

Gestehen wir sie ehrlich ein, die kleinen Sünden,
der HERR wird sicher unsere großen finden!

EIN LUFTBALLON

Ein Luftballon traf einen zweiten,
sie mochten sich anfangs nicht leiden.

Doch plötzlich flog da eine Krähe,
schön suchten sie des anderen Nähe
und meinten, wenn sie sich vertragen,
könnten den Vogel sie verjagen,
denn dieses fremde schwarze Vieh,
das störte sie doch irgendwie.

Der Vogel stutzt, schien zu erblassen,
da kommen zwei – so aufgeblasen –
und fliegen direkt auf ihn zu,
das bringt ihn merklich aus der Ruh.
Soll er sich gar nicht um sie scheren?
Sie greifen an – er muss sich wehren.
Die Krähe pickt, Ballon verpufft,
es war halt doch nur heiße Luft.

Was also lernen wir daraus?
Manch Aufgeblasener sieht dumm aus,
lässt man ihm kühn die Luft heraus.

PUPPENSPIEL

Das Leben ist ein Puppenspiel
mit vielen tausend Fäden.
Du hängst daran und zappelst nur,
verhedderst einen jeden.

Der Herrgott hält das Stäbchen fest,
dran Deine Fädchen hängen.
Hoffe auf ihn und hab Geduld,
Du darfst ihn nur nicht drängen.

So warte still, vertrau auf Gott
und lass Dich nicht beirren.
Nimm Dir die Zeit und Du wirst sehn,
ER wird das Knäuel entwirren.

Und siehe da, auf einmal wird
das Püppchen sich bewegen.
Es lacht, hüpft glücklich, froh und frei
und dankt für Gottes Segen.

DIE ZEIT

Die Zeit, sie kommt und ist schnell wieder weg,
drum nutze die, die da ist.
Wein ihr nicht nach, es hat keinen Zweck,
freu dich an der, die da ist.

Zeit ist Bewegung, ist immer aktiv,
schon flüchtig, wenn sie nah ist,
du kannst sie nicht halten, sei nicht naiv,
du weißt längst, dass das wahr ist.

Die Zeit ist ruhelos, sprunghaft verrückt,
sie nervt, wenn grad nichts klar ist.
Dann liebst du sie wieder, wenn alles glückt,
empfindest, dass sie sehr rar ist.

Mensch lebe die Zeit grad so, wie sie kommt,
erwarte nicht, dass du ihr Star bist.
Mal bringt sie dir Glück, mal schmerzt sie dich prompt,
versteh, dass das so Jahr für Jahr ist.

Söhn dich mit ihr aus, begreif ihren Sinn,
sieh sie an als Freund, der dir nah ist.
Ihr Dasein für dich, das gibt sie erst hin
an dem Tag, wenn DU nicht mehr da bist.

EIN HÖLZERN STÖCKLEIN LIEGT AM WEG,

zerbissen und verschrappt,
ein großer Hund es fallen ließ,
ein Dackel es nun schnappt.
Er trägt's mit hoch erhobenem Kopf,
sein Schwanz, der wedelt stolz,
ihr denkt, der Dackel ist bekloppt!
Es ist doch nur ein Holz!

Er wackelt neben Frauchen her,
spannt Rücken an und Bauch
und meint, was große Hunde können,
jawohl, das kann er auch.
Doch bald kann's Dackelchen nicht mehr,
legt's Stöckchen hintern Baum,
es war für ihn zu breit, zu schwer,
vorbei der Dackeltraum.

Nun denkt er nach, wie kann das sein?
Der andere hat's geschafft!
Und er begreift, er ist zu klein,
hat nicht die nötige Kraft.

Fest steht, nicht jeder Dackel kann
dasselbe wie ein Dobermann
und er erkannte nicht zuletzt,
er hat sich einfach überschätzt.

EIN KLEINER SPECHT AUF EINEM AST

Klein Spechtlein sitzt auf einem Ast,
der eigentlich ihm gar nicht passt,
nun ja – er muss ihn ja nicht lieben,
er will an ihm das Klopfen üben.

Wenn Bäumchen es sich bieten lässt,
baut später er im Stamm sein Nest.
Fängt an zu üben, klopf, klopf, klopf,
wie ein Maschinchen saust sein Kopf.

Schon bald darauf gibt's einen Knacks,
der Ast bricht ab, fällt runter stracks,
doch stürzten sie nicht alle beide,
Spechtlein saß auf der sicheren Seite.

Der Ast ist ab, das Spechtlein froh,
klopfen kann es nun sowieso.
Nun baut es sich im Stamm sein Haus,
holt dabei Wurm und Maden raus
und ahnt nicht, dass ihm Menschen lauschen,
geheimnisvolle Blicke tauschen,
verstohlen an den Taschen rütteln
und dabei ihren Geldsack schütteln.
Sie ABERGLAUBEN noch ein Stück,
dies brächte finanzielles Glück.

MEIN LIEBER SOHN

Ich war noch jung, du warst ganz klein,
wir gingen durch die Stadt zu zweien,
bedächtig und mit kurzem Schritt,
so kamen deine Beinchen mit.

Nicht lang, da trafen wir auch schon
ne alte Frau mit ihrem Sohn.
Er war ein stolzer junger Mann,
doch da schnauzt er die Mutter an:
„Lauf zu, das dauert mir zu lang,
komm, schalt mal in den Turbogang.
Wir müssen dies und das noch holen,
ich hab die Zeit doch nicht gestohlen!"

Die Zeit? – Da fiel mir plötzlich ein,
auch dieser Mann war einmal klein
und seine Mutter, will ich meinen,
war damals prima auf den Beinen
und lenkte doch die Schritte zahm,
wenn sie den Kleinen mit sich nahm.
Hat sie nicht heut von ihrem Kind
dasselbe ebenfalls verdient?

Drum bitte ich dich heute schon,
bin ich einmal so alt, mein Sohn,
mach nicht zum Kind mich oberschlau,
lass mir die Würde einer Frau –
lass Mutter-Ehr mir angedeih'n,
ich bin dann alt nur, und nicht klein!

GUTES ALTES NUDELHOLZ

du warst einst mein ganzer Stolz,
halfst mir stets beim Plätzchenbacken,
manchmal auch beim Nüsse knacken.
Ich haute mit dir tüchtig drauf und jede doofe Nuss ging auf.

Ich machte mit dir in der Hand Jagd auf die Fliegen an der Wand,
und wenn ich traf, gab's auf der Stelle in der Tapete eine Delle.

Wir zwei probierten vieles aus:
Kam Herrchen mal zu spät nach Haus,
traf ihn schon mal ein fester Klopf von uns auf seinen kahlen Kopf.
Du weißt, dann war er wieder brav und wochenlang ein treues Schaf.

Der Handwerker hat dich gewollt, er hat die Beule glattgerollt,
denn als der Teppich lag, oh Schreck, da war der Wellensittich weg.

Die Zeit, sie fliegt so schnell vorbei,
heut sind wir nicht mehr IN, wir zwei.
Dich gibt es längst aus ALU schon,
mit „Anti-Haftungs-Rollfunktion"!
So wie die Zeit verrennt wird klar,
für uns ist nichts mehr, wie es war.
Man scheut sich noch, uns wegzuschmeißen,
doch wir gehör'n zum alten Eisen,
weil das der Lauf des Lebens ist,
wir warten, bis der Wurm uns frisst.

HINTER DEN FENSTERN

Sinnend geh ich durch die Gassen, stille Wege, laute Straßen,
schaue, während ich so lauf, gerne zu den Fenstern auf.
Schaute gerne auch hinein, möchte einmal Mäuschen sein.

Hier ein jungvermähltes Paar, Glück total – seit einem Jahr.
Nebenan schmust, wie im Märchen,
ein ganz frisch verliebtes Pärchen,
doch darunter im Parterre täglich Streit, Problemgezerre,
und ganz oben, unterm Dach, klagt ein Kranker weh und ach.

Und dort, aus dem nächsten Haus, guckt ein müder Greis heraus.
Einsamkeit prägt sein Gesicht, man sieht, glücklich ist er nicht.
Seine Frau, schon Jahre tot, er in finanzieller Not.

Nebenan ein alter Sack, hortet Geld wie Dago Duck,
sieht sehr wohl die Not im Haus, rückt nicht einen Cent heraus.
Seine Nachbarin nicht weit, Pflegefall seit kurzer Zeit,
ist's zufrieden: „Bin ja alt, doch da oben herrscht Gewalt!",
sagt sie, denn sie hört sie bläuen, schlagen, krachen, Kinder schreien.

Dort haben Arbeitslose Sorgen und Existenzangst, jeden Morgen,
und der Messie nebenan schleppt nach Hause, was er kann,
lagert alles bei sich ein und lässt niemanden mehr rein.

Strahlen die Fenster noch so schön, man könnte viel dahinter sehn.
Sie leuchten bunt, lächeln uns an,
nach außen freundlich, jedermann.
Ob sie's nun scheinen oder sind? –
Vielleicht sind deshalb manche blind.
Und ob nun Freud, ob Leid geschieht,
schlimm, dass es oftmals niemand sieht.

IM ALTER

Genieße jeden Tag im Jahr,
erinnere dich gern, was war,
denk an die guten Zeiten.

Nur einmal blüht die Rose schön,
dann welkt auch sie und muss vergeh'n,
man kommt, sie abzuschneiden.

Darum beherzige es täglich,
jede Sekunde macht es möglich,
glücklich zu sein auf Erden.

Freu dich an jedem Augenblick
und schnapp dir jeden Zipfel Glück,
wirst nie mehr jünger werden.

LEBEN UND LEIDEN

Um sein Leben und Leiden
Braucht man niemand beneiden.
Jeder kriegt seinen Teil
Alle Weil!

Und von Bangen und Hoffen
Ist ein jeder betroffen,
Es kommt keiner drum rum,
Gar nicht dumm!

Freundlich lächeln und blicken
Kann die Seele erquicken
Wie ein sprudelnder Quell,
Auf der Stell.

Und das Lachen und Weinen
Kann die Menschen vereinen
Wie ein himmlischer Schall,
Überall.

Auch das Warten und Sehnen
Wird für jeden sich dehnen.
Darum harren wir still,
Bis Gott will!

MENSCH, KAUM BEGANN DAS NEUE JAHR,

ist schwuppdiwupp schon Februar.
Der Weihnachtstraum ist ausgeträumt,
die Weihnachtsengel weggeräumt.

Vorbei ist die Besinnungszeit,
jetzt feiern Narren weit und breit,
in jeder Zeitung sieht man Prinzen
mit einem lebensfrohen Grinsen:

„Kommt lasst uns feiern alle Mann,
ein jeder zeige, was er kann.
Genießen wir die tollen Tage,
vergessen wir des Lebens Plage,
wir schlüpfen in ne andere Rolle,
das ist am Karneval das Tolle!"

Doch halt – ist's nicht im Leben ebenso?
Denn nicht jeder ist in seiner Rolle froh,
nicht jeder hat die Kraft, zu tragen,
was ihm vom Leben aufgetragen.

Alles zu schultern ist die Kunst,
drum bitten wir um Gottes Gunst,
denn Gottes Hilfe, Gottes Gnade
macht alles Krumme wieder grade.

Dann lacht, seid fröhlich, das ist schön,
Und lasst stets einen Weihnachtsengel stehn!!!

NUR EINMAL NOCH

Der Opa will zum Karneval, nur einmal noch, auf jeden Fall.
Hofft, dass ein Cowgirl oder Engel
ihn auch bemerkt in dem Gedrängel.
Und diese sollten ihm bereiten Erinnerung an frühere Zeiten.

Er denkt, ich will mich nicht maskieren,
will mit Natürlichkeit brillieren!
Nein, die Idee ist gar nicht schlecht,
denn Brille, Gehstock, alles echt.
Gebeugter Gang, teures Gebiss, den alten Anzug auch – gewiss.
Die Hosenträger noch zu nennen,
von denen kann er sich nie trennen.

Pomade in das schüttere Haar, so wie es früher üblich war.
Und in die Tasche ein paar Kröten,
ein Schweißtuch wäre noch vonnöten.
Ein Mittel gegen Hexenschuss, falls er beim Kuss sich strecken muss.

Hoch motiviert zieht er von hinnen, das Abenteuer zu beginnen.
Er denkt: Bist schon ein toller Lümmel,
und humpelt rein in das Getümmel.

Die Luft ist dick, für ihn zu schwül, weg das erhoffte Love-Gefühl.
Musik, die dröhnt, die Menge staut, und OPA sieht viel nackte Haut,
viel süße Girls vorbeiflanieren, die sich für ihn nicht interessieren.

Und obendrein, es ist zu dumm, es laufen viele OPAS rum.
Unter der Maske sind sie jung,
frisch, knackig und noch voller Schwung.
Na ja, denkt er, ich hab's probiert, hab wirklich noch mal was
riskiert. Rappelt sich auf, um heimzugehen.
musste sich schmerzlich eingestehen,
man hat ihn einfach übersehen!

PING UND PONG

Zwei Tennisbälle, Ping und Pong,
man legte sie auf die Chaiselongue,
sie sollten da ein wenig warten,
weil draußen schon zwei Schläger harrten,
mit denen man schon Kämpfe hatte,
im Garten auf der PING-PONG-PLATTE.

Nein, das ist wirklich kein Vergnügen,
wenn die zwei Bällchen Haue kriegen!
Drum plumpsen beide ping-pong-munter
zuerst mal auf den Boden runter,
und dann verstecken Ping und Pong
sich heimlich unter der Chaiselongue.

Solln doch die Menschen, diese schlauen,
sich selber auf die Köpfe hauen!

SEI DANKBAR

Wird man älter, hat ein Weh,
zieht man gerne Resümee.
Man erinnert sich zurück
an geschenktes Lebensglück,
lässt der Kindheit schöne Zeiten
gern an sich vorübergleiten,
als man liebte, als man lachte,
andere gern zum Lachen brachte.

Dennoch kritisiert man oft:
Viel von dem, was man erhofft,
war nicht so, wie man gern wollte,
doch wofür man danken sollte,
wurde mit den Jahren klar:
dass man gut behütet war.

Warst du je ein armer Tropf?
Stets ein Dach über dem Kopf!
Hattest immer was zu essen,
war's auch oft nicht viel gewesen.

Warst du krank, hast du gelitten,
dann half dir den Herrgott bitten,
und er hat in schweren Tagen
dich gehalten, dich getragen.
Erlebte mancher es auch schlimmer,
schöne Erinnerung gibt es immer.

STERNENSTAUB

Wenn ich des Nachts am Fenster steh
und all die Sterne funkeln seh,
erfasst mich so ein Sehnen.

Dann wünschte ich mir Sternenstaub,
so viel wie aller Bäume Laub,
mich damit zu verwöhnen.

Doch wenn ich dann am Fenster steh
und in den *dunklen* Himmel seh
und ich bin hier am Funkeln,
schick ich den Sternenstaub zurück,
der Glanz am Himmel bringt mit Glück
und ich bleib gern im Dunkeln.

TRÄNEN AUS TRAURIGEN AUGEN

Ja, es gibt ihn schon lang und mir war immer bang,
dir das ehrlich und frei zu gestehen.
Doch nun ist es so weit, denn du sahst uns zu zweit,
irgendwann musste das wohl geschehen.

Lebte in einem Traum,
registrierte es kaum,
wollte einfach Erotik erleben.
Habe alles riskiert,
kein Gewissen gespürt,
meine Selbstachtung dafür gegeben.

Nun weiß ich, wie es ist,
wie ein anderer küsst,
wie der Andere schien mich zu lieben.
Feuer brannten so heiß,
doch mein Herz blieb ganz leis,
und es ist nichts als Asche geblieben.

Ja, er hat mich begehrt,
hat mich alles gelehrt,
was ich meinte, ich würde es missen.
Das ich darunter leid,
zeigte mir erst die Zeit,
vorher konnte ich das doch nicht wissen.

Fließen Tränen aus traurigen Augen,
wird die Seele mir weich und bereut.
Wirst du irgendwann mir noch mal glauben?
Tiefe Wunden verheilt nur die Zeit,
gibt es für uns noch mal ein ZU ZWEIT?
Ich bin da, gib mir bitte Bescheid!

WAS IST LEBEN?

Hab drüber nachgedacht,
was das Leben mit uns macht.
Warum nur sind wir hienieden
häufig schrecklich unzufrieden?
Warum läuft es anders oft,
als wir es uns so erhofft?
Warum sind wir gleich geknickt,
wenn auf Anhieb was nicht glückt?

Warum das, was wir versieben,
gleich auf Pech und Schicksal schieben?

Leute, seien wir nicht dumm,
legen wir den Schalter um,
machen wir uns nicht verrückt,
wenn mal irgendwas nicht glückt.
Bleiben wir vergnügt und munter,
schlucken wir den Frust hinunter,
lasst uns fröhlich sein und lachen,
LEBEN IST, WAS WIR DRAUS MACHEN!

WAS WÄR EIN LEUCHTER OHNE KERZE,

was wär ein Leben ohne Scherze,
was wären Kinder ohne Spiele
oder das Reisen ohne Ziele?

Was wären Bücher ohne Wissen,
was wär die Liebe ohne Küssen,

was wären Herzen ohne Sehnen
oder die Trauer ohne Tränen?

Was wäre Freude ohne Lachen,
was wäre Donner ohne Krachen,
wär'n meine Verse ohne Euch?

Ich denke, Ihr erratet 's gleich!

WEIBLICHE VORSICHT

Unter einer jungen Weide, die gerad im Frühlingskleide,
hat die Mümmelhasenfrau ihren Mümmelhasenbau.
Sie lässt es sich gut gefallen in den Frühlingssonnenstrahlen,
diese wärmen ihren Bauch, wecken ihr Gefühle auch,
die sie nicht erklären kann – das sieht sie nen Mümmelmann.

Ach, wie fix sein Schwänzchen geht, ist's ein Morsealphabet?
Wie der Schlegel einer Trommel wippt der haarig-kleine Bommel.
Hockt sich auf die Hinterbeine, putzt sein Näschen sich ganz reine,
und dann hüpft der Mümmelmann immer näher an sie ran.

Ei, was will der, macht der Scherzchen?
Ängstlich hüpft ihr Hasenherzchen.
Will er mir die Zeit vertreiben, soll ich flüchten oder bleiben?
Hin und her sie überlegt, was er für Gedanken hegt,
und entschließt sich schließlich schlau für den Rückzug in den Bau,
hopst in ihre Höhle flugs, und den Mümmel holt der Fuchs.

ZUM ÄLTERWERDEN BRAUCHT MAN MUT

Zum Älterwerden brauchst du Mut, sagt meine Freundin immer,
duldet kein Make-up im Gesicht,
schon gar nicht goldenen Glimmer.

Beim Älterwerden brauchst du Zeit, pflegt sie auch oft zu sagen.
Denn trägst du auch dein schönstes Kleid,
hängt sicher schief der Kragen.

Zum Älterwerden brauchst du Kraft,
bloß, diese schleicht von hinnen.
Doch jeder Tag, den du geschafft, ließ Reife dich gewinnen.

Zum Älterwerden brauchst du Gott, nur ER kann Zeit dir schenken.
Dazu Kraft, Mut und viel Humor, das solltest du bedenken.

Denn täglich brauchst du einen Schubs, dir ins Gesicht zu schauen.
Der Faltenwurf wird mehr und mehr, auch das lernst du verdauen.

Ha – Älterwerden? Pfeif ich drauf, ist stets ihre Devise,
setzt ihr knallrotes Hütchen auf, schickt aus Mallorca Grüße.

ZWEI FLOTTE FALTER

Der Anton und der Eberhart,
zwei ziemlich flotte Falter.
Die Frauenjagd war ihre Art,
trotz ihrem hohen Alter.
Die Schmetterlinge, bunt und leicht,
die waren schnelle Beute,
da raspelte man Süßholz seicht
und erntete viel Freude.

Da kam ein junger Butterfly,
mit Blütenstaub behangen.
Und dieser tat sich – eins, zwei, drei –
die Schmetterlinchen fangen.
Der Anton sagt zum Eberhart,
nun sind wir *graue* Falter,
wenn dieser Blödmann Chancen hat,
dann liegt das nur am Alter.

EIN KLEINES BÄNKCHEN VORM WALD

Dies Gedicht hatte ich ursprünglich in Fränkischer Mundart verfasst

Ein kleines Bänkchen vorm Wald,
schon ganz wackelig und alt,
denkt: Der Winter vor der Tür,
keiner kommt mehr zu mir.

Früher, da war bei mir noch Leben,
Liebespärchen tat sich Küsschen geben,
Häschen sind um mich rumgewetzt,
Wanderer hab'n sich niederg'setzt,
haben kräftig Brotzeit gemacht,
Kinder haben gespielt und gelacht.
Jetzt steht der Winter vor der Tür
und keiner kommt mehr her zu mir.

Ein altes Weiblein vorm Wald,
auch ganz wackelig und alt,
denkt: Der Winter vor der Tür,
keiner kommt mehr her zu mir.

Früher, da war bei mir noch Leben,
meinem Liebsten hab ich Küsschen 'geben,
fünf Kinder haben wir bekommen
und uns für sie viel Zeit genommen,
die ersten Enkel war'n gebor'n,
dann hab ich schon den Mann verlor'n.
Jetzt steht mein Winter vor der Tür
und keiner kommt mehr her zu mir.

Und wenn ich richtig es bedenk,
geht's mir so wie der kleinen Bank:
Allein bin ich und alt und krumm,
wann drückt wohl mich die Kälte um?

UNBEHOLFENHEIT

Bringe eine süße Maus
diese Nacht bis vor ihr Haus:

Wünsche ich ihr GUTE NACHT?
Oder – wie wird das gemacht?
Soll ich reden, überzeugen?
Würd sie sich beim Kuss mir beugen?
Meinen Liebesworten lauschen?
Mit mir Zärtlichkeiten tauschen?
Mich gar mit nach oben bitten?
Widerspräch's den guten Sitten?
Soll ich hier sie an mich pressen
und den guten Ton vergessen?

Nein – wir kamen nicht zum Liegen,
eine WATSCHE konnt ich kriegen!

DIE GÖTTERSPEISE

Ich koche heimlich, still und leise,
na, rate mal – ne Götterspeise.
Das Wackeln dieser Puddingmasse
begeistert mich, ich find es Klasse.

Ach, wie ich mich dafür erwärme,
von ganzem Herzen dafür schwärme,
freue mich schon seit Tagen drauf,
reiß glücklich die Verpackung auf
und spür sofort in meinem Magen
die Puddinglust aus Kindertagen.

Bemerke, während ich so rühre,
wie Kindheitsträume ich verspüre,
da ihn, weil ich ihn gerne mochte,
noch meine Mutter für mich kochte.

Die Zeit vergeht, nun bin ich älter
(der Pudding wird und wird nicht kälter),
es fällt mir schwer, noch aus zu harren,
bis er sich anschickt, zu erstarren.

Die Götterspeise, gelb, grün, rot,
schmeckt heute noch genauso gut,
wird liebevoll im Frankenland
als Wackelpudding umbenannt.

Ich setz mich hin, löffleihn stumm,
wie schad, die Kinderzeit ist um.

FRÖSCHLEIN KLEIN

Einen Wunsch hat Fröschlein klein,
einmal Froschkönig zu sein,
hoch in einem Turm zu wohnen,
über allen anderen thronen.

Und so hüpft er kurzerhand
hin zum Turm und an die Wand,
klettert hoch ein kurzes Stück,
hat am Anfang richtig Glück.

„Kleines Fröschlein, dummes Ding,
drehe schnellstens um und spring
rasch hinunter, tu es doch,
dieser Turm ist dir zu hoch!"

Doch das Fröschlein lächelt heiter,
hört nicht auf den Rat, hüpft weiter.

Ja, du ahnst es schon, denn bald
verliert Fröschlein jeden Halt,
platscht hinunter wie ein Sack,
und sein letzter Ton war QUAK.

Fühlte sich schon fast als König,
doch nur kurz und nur ein wenig!

DER KNIEFALL

Ich kniete vor ihr mit ner Rose,
der schönsten, die im Park ich fand,
beschmutzt das Knie von meiner Hose,
hielt an um ihre zarte Hand.

Doch zierte sich die Schöne, Holde,
mein Angebot verlachte sie,
lag's daran, dass sie mich nicht wollte,
oder am Schmutz an meinem Knie ?.

Doch noch mal fragen werd ich nie!

LUSTIG

DER POPOCATEPETL

Was will denn Hans, der Blödel
am Popocatepetl?
Der Berg ist nicht geheuer!

El Popo ist doch ein Vulkan,
der knallen, rauchen, stinken kann
wie Pups und faule Eier.

Weshalb fährt Hans zum Don Goyo,
mitten in Zentral-Mexico,
zu glühendem Gesteine?

Er hat doch selber einen Po,
der knallen, stinken kann und so,
bei sich, zu Haus, alleine!

Sonst sitzt der Blödel auch im Haus,
stößt seine Aschewolken aus,
minütlich drei bis vier.

Vergrault sein Weib Elisabeth,
die schläft nicht mehr im Ehebett,
hat längst ein Notquartier.

Natürlich ist die Elsbeth froh,
sie schickt den Hans zum El Popo,
damit er dort verpufft.

Die Eruptionsgeschichte schließt,
die Elsbeth ihre Ruh genießt
und wunderbare Luft.

KÄSE-WETTKAMPF

Ein holländischer Käse-Mann
meldet zum Käse-Wettkampf an,
umschmeichelt drum mit Liebesworten
die hausgemachten Käsesorten.

LEERDAMMER – bist mein Bester, Dicker.
EDAMER – du zeigst dich etwas schicker
mit deiner leuchtend roten Pelle,
bring Punkte mir, auf die ich zähle!

MAASDAMMER – biologisch rein
und dein Aroma nussig-fein,
perfekt vom Anfang bis zum Schluss,
ein Werk, das man prämieren muss!

Mein GOUDA – du bist weltbekannt,
der Renner hier am Käsestand.
Dich gibt's von riesengroß bis klein,
bring mir recht viele Punkte ein!

Die fünfte Sorte, ja – ich mein –,
die solltest DU, mein SCHMELZKÄS, sein.
Wir werden siegen, ohnegleichen!!!!
Der Schmelzkäs sagt,
MICH KANNSTE STREICHEN!

DER MOPS

Der Mops, der in die Küche kam
und der dem Koch KEIN Ei wegnahm,
wollt kein Gemüse und kein Obst,
er hat den Braten sich gemopst.

Worauf der Koch, dem's kräftig stank,
den Mops verfolgt, was auch gelang,
ihn drosch, als er ihn endlich hatt'
(drum ist der Möpse Nas' so platt).

Der Löffel, den er mit sich führte,
zerbrach – was unsern Koch nicht rührte.

SOMMERNACHT AUF DEM BALKON

Sommernacht auf dem Balkon,
wir liegen auf den Liegen,
viel schöner als auf der Chaiselongue,
sehn tausend Mücken fliegen.

Die Nacht auf dem Balkon ist schön,
die ersten Sterne funkeln,
beim Wein sich in die Augen sehn,
da lässt sich herrlich munkeln.

Das Kerzenlicht ist zauberhaft,
die Pflanzen werfen Schatten,
eine verwunschene Sommernacht,
wie wir sie lang nicht hatten.

Doch dann ein Sssssst – ein Stich – ein: „Autsch,
das Biest hat mich gestochen!"
Vorbei ‚wars mit der Zaubernacht,
wir sind ins Bett gekrochen.

SPANNUNG IN BAYERN!

„Geh, Zensi, mach dei Fensterl auf,
die Lederhos'n spannt,
dann kletter ich die Leiter rauf,
die lehnt schon an der Wand!"

Die Zensi winkt den Sepp herbei,
der Sepp denkt: Welch ein Glück!
Doch er kommt nicht durch's Fensterl 'nei,
der Bauch, der ist zu dick.

Der Sepp hat wohl nicht recht erkannt,
WARUM die Lederhos'n spannt!

ZENSIS ANTWORT
Jetzt klemmst du da im Fensterl fest,
die Beine hängen raus,
mal sehn, was sich da machen lässt,
das sieht bescheuert aus.

Ich seif schon mal den Rahmen ein,
dann kannst du besser rutschen,
die Lederhose mach i ich nass,
dann müsst es prima flutschen.

Ein Knuff, ein Schubs und dann ein Tritt,
das werden wir schon kriegen,
,ich drücke fest und hilfst du mit,
wirst du gleich unten liegen.

Das war's dann mit der Liebesnacht,
die Leiter, die nimm mit,
und ich warte lieber auf den Franz, denn der ist super fit,
der braucht die Leiter nit!

DAS RAHMSCHLAGRÄDCHEN

Ich spielte schon als Mädchen
gern mit dem Rahmschlag-Rädchen
und half an manchen Tagen
der Mutter Sahne schlagen.

War stets ein kreatives Kind,
drehte das Rädchen gern geschwind,
hörte die Mutter mahnen,
gib Acht, Kind, schnell ist's Sahne!

Mein Eifer war unzügelbar,
was nun geschah, ist sicher klar,
ich hörte nicht auf Mutter,
auf einmal war es Butter.

Mutter geriet in Rage,
ich hatte die Blamage,
das zeigte mir, wie schlecht man fährt,
wenn man nicht auf die Mutter hört!

DIE SILBERZWIEBEL UND DIE GURKE

Die Silberzwiebel sagt zur Gurke,
was bist du für ein krummer Schurke,
so dunkelgrün und schmutzig,
ich bin weiß, rund und putzig.

Die Gurke sprach: Das mag schon sein,
du bist zwar putzig, rund und klein;
weil du ein wenig silbern glänzt,
du dich gleich Silberzwiebel nennst!

Deshalb bist du noch lang nicht schlauer,
im Glas, da sind wir beide sauer.
Trotz allem Silberglanz indessen,
wirst du – genau wie ich – gefressen.
Und wirst – auch wenn du eitel bist –
zu Mist.

EIN GEDICHT IN TINTE

Für dich zu schreiben sitz ich hier.
Du wünscht dir ein Gedicht von mir,
wie klug du bist, wie schön und toll,
einmalig und ganz wundervoll.
Du sagst, du wüsstest es genau,
du seist die wunderbarste Frau.

Ich würde dich ja gern beglücken,
doch ist's nicht leicht, es auszudrücken!
Ich quäl mich, denke hin und her,
das Formulieren fällt mir schwer.
Ja, ich tät mich sogar bequemen,
den teuren Füllhalter zu nehmen!
Ich fühle mich mit Worten ringen,
in Versform dein Genie zu bringen.
Drum, wenn ich nun so weiter ringe,
auf dich kein Dichterloblied singe
und nicht die richtigen Worte finde,

dann liegt das sicher an der Tinte.

FRÄULEIN RABE

Fräulein Rabe auf dem Ast
hat nen Rabenmann zu Gast.
Ach, wie blank glänzt sein Gefieder
und er streicht es immer wieder,
denn er will der Schönste sein,
für das Rabenweibelein.

Freudig hüpft sein Freierherz,
denn es ist schon wieder März,
ergo ist es nun so weit,
Brautschau für die Paarungszeit.

Ach, wie glänzt auch ihr Gefieder,
und er schaut sie gerne wieder
mal von rechts an, dann von links,
denkt sich, hoffentlich gelingt's,
dieses Vöglein ist die Schau,
ja – die nehm ich mir zur Frau.

Und der rabenschwarze Typ
zwitschert ihr „Ich hab dich lieb",
doch sie denkt: Auf keinen Fall,
dieser Vogel kann mich mal!

Trotzdem nimmt er sich ein Herz,
doch sie zeigt ihm nur ... den Sterz.

IHRE WUNDERSCHÖNEN KNIE

Sie hat so wunderschöne Knie,
doch leider sehe ich sie nie,
sie sind bedeckt zu meinem Leid – von ihrem Kleid.

Oh ja – das Kleid ist auch ganz schön,
ihr Knie würd ich viel lieber sehn,
kann es auch heut nicht kosen – heut trägt sie Hosen.

Ja, auch die Hose steht ihr gut,
doch offenbar fehlt ihr der Mut,
oder sie hat auf Minirock – null Bock.

Wahre Beobachtung mit Fantasie vermischt – speziell für Menschen mit der Gabe, KÖLSCH zu verstehen.
Von mir als Fränkin mit meinen bisherigen „Immi-Kölsch-Kenntnissen" niedergeschrieben.

HUNGS-KÖTTEL-BÜGGEL

Der Tünn, en ahle Kniesebüggel, mäht täglich singe Gang,
da hängt am Zaun ne Päcksche Büggel, Tünn överläscht nit lang,
fluggs trick der Tünn sing Messer russ –
und nimmt de Büggel mit noch Huss.

Tünn denkt stark nooch, wozu se nütze, se müsse jo nit jammeln,
für Erna in der Dusch als Mütze – oder um jet ze sammeln.
Und weiter, – denkt he, – janz jewiss, zum Übernaachte vum Jebiss.

Er selbst benutzt sie auf der Stelle, kaum is der Tünn zu Huss,
als Büggel für die Tischabfälle, ersinnt noch andre Stuss.
Das Tee drin sing Aroma hält, und Hefeteig ganz prima quillt.

Sing Botzesack, dä hät en Loch, auch da is Tünn versiert,
steckt ordentlich ne Büggel rin, damit er nichts verliert,
nimmt sie für Äpfel und für Nuss, zur Christnaach und an Nikolus.

Von nun an steckt der Tütenüggel,
sing Flönz in su ne schwaaze Büggel,
sing Kies in eene andre – jo – et sinn jenügend Büggel do.
Sind die vom Jaartezaun mol leer, am nächste Pfoste hänge mehr.
Sehr schnell kütt nämlich Tünn darupp –
en Depp hängt immer neue upp.

Und jede Daach, wie eh und jeh, määt Tünn sing Gang jewiss,
und schaut nach neue Büggel uss – da tritt er in nen Schiss!!!

Elende Hungsmöpp, ne su ne Dreck, so schimpft der Tünn –
liest dann voll Schreck:
Ich hätt den Schiss beseitigt, ja – doch waren keine Büggel da.

Und die Moral von der Geschicht: HUNGS-KÖTTEL-BÜGGEL
KLAUT MAN NICHT!!!

PARKBANK-NECKEREIEN

Neulich traf ich eine süße
Frau und ich begehrte diese,
bat sogleich sie um ein Date
auf ner Parkbank, wenn es geht.

Sie lachte schüchtern, sagte: „Gerne,
ich nehm die Bank bei der Laterne.
Ich bin besonders in der Nacht
auf meinen guten Ruf bedacht!"

Doch als ich neben ihr gesessen,
da war ihr guter Ruf vergessen.
Sie rückte ganz dicht an mich ran:
„Was bist du doch ein toller Mann!
Du machst mich heiß, doch sag zuvor
etwas ganz Süßes mir ins Ohr!"

Etwas ganz Süßes soll es sein?
Ganz plötzlich fällt mit etwas ein:

„Ein süßes Wort? Ich mach dich heiß?
Wie wär's mit Schokoladeneis?"

IM HÜHNERSTALL

Der Gockel, King im Hühnerstall,
hat seine Augen überall,
zählt täglich seine Hühner fein
und fängt sie notfalls wieder ein,
sind eigen, wie man denken kann,
nur ihm allein, dem Superhahn.

Da kam ein junger Hahn daher
und machte ihm das Leben schwer,
die Hühner waren nicht mehr treu,
und sein Idyll, das schien vorbei.

Da hat ihn voll die Wut gepackt,
ruck – zuck war der Rivale nackt

und hing schon bald, das istmgewiss
schön knusprig – braun am Hähnchenspieß.

SCHLANGE STEHEN AN DER KASSE

Ich geb zu, wie ich das hasse,
damit bin ich nicht allein,
alle schauen düster drein.

Kampfbereit meine Gestalt,
mein Gesicht zur Faust geballt,
Hände wütend in der Taille,
da wird „Frau" leicht zur Kanaille,
in Lauerstellung Aug und Ohr,
wehe jemand drängt sich vor!!!

Sollt es dennoch einer schaffen,
greif ich zu verbalen Waffen,
dresch mit Worten auf ihn ein,
schimpf den Unhold kurz und klein,
trete keinen Schritt zur Seit',
ich hab schließlich keine Zeit!!!

Doch treff ich Anna auf dem Gang,
quatsch ich mit ihr stundenlang,
ungefähr von zwölf bis drei,
niemand kommt an uns vorbei,
können glatt die Zeit vergessen
und beim Tratschen auch das Essen.

Jeder kennt das, so kann's gehn,
hat auch jeder schon geseh'n,
doch das ziemt sich nicht für mich,
hab nur geschrieben, das war ich!!!

SCHÖN(STE)FÄRBUNG

Die Welt erfährt die schönste Färbung
durch starke Medien, die Werbung.
Musst ihr nur folgen, du wirst sehen,
alles wird gleich viel leichter gehen
und, wie die Werbung prophezeit,
alles in turboschneller Zeit.

Das Putzen wird viel besser klappen,
nimmst du den „Wischi-Waschi"-Lappen,
und gibst du „Wunderschrubbi" rein,
dann schwebt der Lappen von allein.

Das Wäschewaschen macht dich froh,
mit Waschpulver „Holladrio".
Ein Spritzer „Easy" wird genügen,
schon lernt dein Bügeleisen fliegen.

Wer irgendwann mal baden muss,
das Schaumbad „Blubb" macht's zum Genuss,
brauchst in der Wanne nur entspannen,
die Schmutzpartikel zieh'n von dannen.

Zum Highlight wird das Zähneputzen,
nur die Zahncreme „Schrubb" benutzen.
Du brauchst fast gar nichts mehr zu machen
und hast ein strahlend weißes Lachen.

Die Körperpflege „Trag- sie-auf"
pusht jugendlich die Poren auf,
mit Tagescreme „Schmier-sie-rein"
geht, hex-hex, jede Falte ein.

Auch feinstes Haar wird so much better,
nimmst du die Pflege „Alle Wetter".
Das Wow-Volumen, wie du siehst,
hält dann perfekt, auch wenn es gießt.

Ein „Schweißi"-Fußbad, heiß-kalt, schafft
dir grenzenlose Abwehrkraft,
und deine Schönheit wird grandios,
tauch ein in „Wunderbutter" bloß.

Ja, auch dein Darm braucht seine Pflege,
mit „Flotti" ist er nie mehr träge,
hab einen Hänger ich beim Dichten,
Aloe Dingsbums wird's schon richten.

Dieses Gedicht ist speziell für meine Freundin Heidi
deren Mann 25 Steckdosen in der Küche installierte.

STECKDOSEN

Steckdosen in unserer Küche,
fünfundzwanzig an der Zahl,
immer, wenn ich eine brauche,
leide ich schier Höllenqual.

Nehm ich die gleich unterm Fenster
oder die am neuen Herd?
Die unter der Abzugshaube?
Ja, ich glaub, die isses wert.

Was wohl nun die anderen denken,
sind die traurig oder so?
vierundzwanzig „Trauerdosen",
aber eine, die ist froh!

Und schon wieder brauch ich eine,
für den Mixer, auf der Stell,
mach die Augen zu und ziele,
steck den Stecker rein, ganz schnell.

Das ist weiter keine Hürde,
fünfundzwanzig sind im Zimmer!
Ganz egal, wohin ich ziele,
eine davon treff ich immer!!!

Doch was wird mit meiner Seele,
die „Steckdosenqualen" spürt,
merk ich doch, wie ich mich quäle,
während flott der Mixer rührt.

Jetzt hab ich den Weg gefunden,
ich weiß endlich, was ich will:
Ja, ich sage unumwunden,

ZWANZIG LEG ICH WIEDER STILL!!!

STEINE SAMMELN AM FLUSS

Ich ging so gern am Fluss alleine
und sammelte besondere Steine,
die Vielfalt faszinierte mich,
Formen und Farben sicherlich.

Wie Teller flach und rund wie Nüsse,
sehr interessante Quarzeinschlüsse,
drum suchte ich, mal sehn, ob's geht,
die Buchstaben vom Alphabet.

A, I und V, die fand ich schnell,
und X gleich mehrfach auf der Stell.
Bemühte ich mich noch so sehr,
B, G zu finden fiel mir schwer.

Ich hoffte, dass ich's doch noch seh,
entdeck vermeintlich da ein D,
griff nach 'nem Kieselstein grün-weiß
und merkte, es war Entenscheiß.

Naja, – jetzt haste ihn, – den Mist,
weil du so sammelwütig bist!
Soll'n Entenhäufchen künftig gammeln,
ich pass nun besser auf beim Sammeln.

VOM RÜHREI

Schatz, wie möchtest du dein Ei?
Weich gekocht, gebraten?
Ich würd dir, weil *ich* das mag,
sehr zu Rührei raten.

Weil so sonnig gelb es lacht
und es ist ganz schnell gemacht,
mit viel Speck und Schnittlauch drauf,
dieser Duft, der baut *mich* auf.

Frischer Pfeffer, Butterglanz,
das befriedigt *mich* so ganz!

Morgens Rührei find *ich* nett,
geh *du* ruhig zurück ins Bett.

ZWEI DOTTER

Ein Gänse- und ein Hühnerei,
die brachen mittendrin entzwei,
nun lagen da zwei Dotter,
ein klebriges Gelotter.

Das große sagt: „Man tat uns morden,
aus mir wär eine Gans geworden!"

Das kleine meint: „Was kann man tun,
denn nun entgeht der Welt ein Huhn!
Ein Wesen mit besonderem Flair,
ja, so ein Huhn, das macht was her!
Lecker, beliebt und grandios,
zwar körperlich nicht ganz so groß
wie du, doch wärest du noch ganz,
du würdest nur ne blöde Gans!"

DAS KRABBELN

Es krabbelt was in meinem Hemd,
das ist mir fremd,
weil es mich hemmt.

Ich schaue vorsichtig hinein
und seh, ganz klein,
ein A-MEISLEIN.

Nun, wo ich sie gesehen hab,
läuft sie im Trab
stets auf und ab.
Die Logik daran ist nicht schwer,
denn wenn es eine Q-Meis wär,

dann lief sie quer!!!

DIE FLIEGE

Mir sitzt ne Fliege auf der Nase,

sie saß zuvor auf unserer Vase
und dieses Kitzeln macht mich jeck,
jedoch ich krieg das Biest nicht weg.

Denn meine Hände sind nicht frei,
sie sind beschäftigt alle zwei,
die Fliege kitzelt im Gesicht
und Nasewackeln hilft da nicht.

Ne Hand wird frei, ich nehm's in Kauf
und hau mir auf die Nase drauf.
Ich habe meinen Mut bewiesen,
die Fliege tot – doch Tränen fließen.

Da kommt mein Mann, sagt unter Küssen:
„Hätt'st nur dein Köpfchen schütteln müssen!"

EIN SCHUHBAND

Ein Schuhband sagt zum Klettverschluss:
Was praktizierst du für 'nen Stuss?

Wir Schnürsenkel sind elegant,
liegen geschmeidig in der Hand.
Ich weiß, dass Menschen so empfinden
weil sie uns hübsch zu Schleifchen binden.
Es gibt uns bunt, schwarz, braun und weiß,
in kurz und lang zum kleinen Preis.

Du Klettband machst nur RATSCH –

SO 'N QUATSCH!

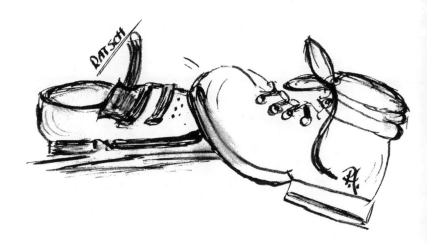

LUSTIGE ERKENNTNISSE ZU MEINEM 60. GEBURTSTAG

Kaum ist Weihnachten vorbei, gibt's schon wieder „Feierei".
Gott sei Dank, dass es nichts Schlechts ist, Mama Hagen ist nun 60!

60 Jahre, meine Güte, und vorbei ist's mit der Blüte,
jede Menge Zipperlein, doch sind die zum Glück noch klein.
Habe dennoch schnell begriffen, früher haben Jungs gepfiffen,
mich ins Freibad eingeladen, heut geh ich alleine baden!
Mein Bikini ist noch knapp, doch was drinnen steckt, wird schlapp!

Früher stand ich an der Bahn, hielten glatt die Autos an!
Darf ich dich ein Stückchen bringen? Ach, wie toll tat dieses klingen!
Steh ich heute an der Straße, bläst der Wind kalt um die Nase,
hab ich Glück, flüstert ein Lieber: Oma, komm, ich führ dich rüber,
und ich folg dem jungen Mann, häng mich ganz fest an ihn ran!

Dass die Jugend nun vorbei , ist mir gar nicht einerlei,
denn wer alt wird, der braucht Mut, doch so manches ist auch gut.

Und so hab ich mir gedacht:
Wer morgens knitterig erwacht,
der kann am Tag sich gut entfalten,
das ist der Vorteil bei den Alten!

MEINE LIEBE TANTE HILDE,

die mit dickem Glas bebrillte,
sie war von Natur aus milde,
außer, wenn sie Hunger fühlte,
gierig sich ein Hühnchen killte,
rupfte und schön knusprig grillte,
dabei fünf, sechs Gläschen füllte,
süchtig sie hinunterspülte,
ja, dann war sie eine Wilde.

Sich dann satt in Decken hüllte
und auf Opas Sofa chillte

So war meine Tante Hilde
ich denk, nun sind Sie im Bilde!

ZWEI PINSEL

Ein Malerpinsel ist am Prahlen:
„Ich kann ganz prima Wände malen,
im Zimmer oder außer Haus
führ ich mein Werk mit Freude aus.
Mal bin ich rot, dann gelb, dann blau,
mal lindgrün oder silbergrau.
Du ahnst ja nicht, wo ich schon war!
Bei schönen Frau'n im Boudoir,
und manchmal mussten wir mal schnell
zum Wändestreichen ins Bordell!"

„Und ich", wirft da der andere ein
„bin zum Rasieren da und klein.
Werd von nem tollen Mann geführt,
der mit mir sein Gesicht beschmiert.
Mit fluffig-weißem Seifenschaum
darf ich ihn pinseln – welch ein Traum.
Solch weißer Schaum wirkt elegant,
ich liege in gepflegter Hand,
doch ließe ich mich nie erweichen,
an Wänden auf- und abzustreichen!

Im Leben, ja, das ist das Tolle,
spielt jeder seine eigene Rolle.

DIE GEPLAGTE TAUSENDFÜSSLERIN

Die eitle Tausendfüßlerin, Tusnelda war ihr Name,
las einst vom Schuh-Shop-Ausverkauf entzückt in der Reklame.
Schon rennt Tusnelda wieselflink durch Felder, Wald und Wiese,
beim Ausverkauf dabei zu sein, sie hat ja tausend Füße!

Die Auswahl fällt Tusnelda schwer, so wie wohl allen Frauen,
auch muss sie auf die Eigenart von tausend Füßen schauen.
Die einen Füße liebens schick, verlangen Pumps zu tragen,
die anderen sagen, wir sind dick, das können wir nicht wagen.
Ein Dickfuß braucht Bequemlichkeit,
das weiß doch wohl ein jeder,
drum brauchen rund zweihundert Füß' echte Gesundheitstreter.

Die einen Füße sind stets heiß, sie leiden Höllenqualen,
andere plagt am Fuß der Schweiß, drum möchten sie Sandalen.
Fünfzig erteilen unerschrocken Tusnelda einen Rüffel:
„Wir tragen gerne dicke Socken und möchten Cowboystiefel!"

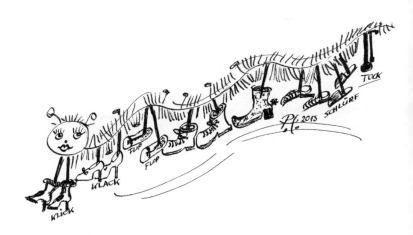

Die eine Gruppe bleibt ganz still und wartet ab in Ruhe,
braucht dann zur Auswahl reichlich Zeit für ihre Wanderschuhe.
Und immer noch ist keine Ruh, damit man sich nicht täusche,
man wünscht sich FLIP-FLOPS,
denn das gibt so herrliche Geräusche.

Nun braucht man nicht viel Fantasie, das Ende zu erraten,
es dauerte noch lange Zeit, bis alle Schuhe hatten.
Wenn man Tusnelda laufen sah, dann gab es was zu lachen,
Pumps, Stiefel, dicke Wanderschuh und auch die Superflachen.

Neunhundertneunundneunzig Füßchen hatten nun neue Schuh,
das gab ein Klick-klack, Flip-flop, Schlürf, ein Klappern immerzu.
Ein kleines Beinchen allerdings, das brauchte einen Stock,
es war aus Holz schon lange Zeit – das machte immer TOCK!

EIN FEDERKIEL SAGT ZU DER DAUNE,

gestatte, dass ich dich bestaune.
Du bist so zart, so herrlich weich,
ganz kuschelig, das merkt man gleich.

Hast so ein flauschiges Gesicht
und bist, man sieht's, ein Leichtgewicht.
Dagegen bin ich riesengroß
und steckensteif, was mach ich bloß?
Steh immer nur im Tintenfass,
mein einziger Fuß stets schwarz und nass,
auch stutzt man ständig meinen Kiel,
nein – das war nicht mein Lebensziel.

Die Daune schaut ihn freundlich an,
sagt zu ihm: Komm, beruhig dich, Mann
und akzeptier, das wird so bleiben.
Bedenke, dafür kannst DU schreiben!!

DER SCHLAUE MANN

Der Blumenkasten vor dem Haus
sieht wieder ganz bezaubernd aus.
Mein Liebelein hat ihn besteckt,
sie ist es auch, die ihn stets pflegt.
Sie ist die Beste auf der Welt,
drum nimmt sie auch ihr Taschengeld,
kauft dies und jenes Pflänzchen ein
und steckt und gießt und düngt es fein.
Sie gönnt sich dabei kaum ein Päuschen,
ich pflücke davon manches Sträußchen,
bin stets bemüht, daran zu denken,
man soll den Frauen Blumen schenken!
Spar mir vergnügt das Geld dafür
und kauf mir lieber zwei, drei Bier.

Nun ja, man sieht es mir nicht an,
doch ich bin ein recht schlauer Mann.

DER SPRÜCHEKLOPFER

Lass uns auf maierblühten Wiesen,
wo allerschönste Blumen sprießen,
glühende Zweisamkeit genießen,
doch morgen erst – heut ist's am Gießen.

Nun, heute könnten wir indessen
bei mir ganz köstlich abendessen,
doch dieses würd mich etwas stressen,
was schlug ich vor? – Ich hab's vergessen.

EIN PATERNOSTER SPRACH ZUM LIFT:

Du bist für unsere Branche Gift,
drückt man nur die Etagenzahl,
kommt man dort an, auf jeden Fall.

Da sprach der Lift zum Paternost':
Tu weiter deinen Dienst getrost,
bei mir geht's, wie im Leben, munter,
die ganze Zeit nur rauf und runter.
Bei dir, Freund, läuft zu jeder Stund'

alles rund!

WOHLGEFÜHL

ENTSPANNUNG PUR

Ich gönne mir ein Wannenbad,
schön heiß mit ganz viel Schaum,
ich tu mir eine gute Tat,
erfüll mir diesen Traum.

Mein Lieblingsduft im Badezimmer,
und ringsum brenn ich Kerzen an,
in Filmen seh ich das auch immer,
verwöhn mich – habe Freude dran!!

Champagner kühl ins Glas gegossen,
raus aus den Kleidern mit viel Spaß,
Blick in den Spiegel unverdrossen,
dann sanft hinein ins Wohlfühlnass.

Die Wärme strömt durch meine Glieder,
Entspannung pur im Kerzenschein,
verzaubert summ ich Liebeslieder
und gieß mir noch ein Gläschen ein.

Der Stress weicht einem sanften Schlummer,
ein Glücksgefühl strömt in mich ein,
und rot wie ein gebrühter Hummer
ist schon mein ausgestrecktes Bein.

Muss, auch wenn's schwerfällt, mich entschließen,
vorbei die Zeit, herum zu träumen,
schade, ich kann nicht mehr genießen,
es gibt ne Menge aufzuräumen.

IN KÖLLE GEBÜTZT

(In Köln geküsst)
Als ich dereinst die Welt erblickte,
erfuhr ich gleich, wie schön das ist,
als Mutter an die Brust mich drückte
und recht von Herzen mich geküsst.

Das erste Wort, das erste Lächeln,
voll Stolz den Freunden vorgeführt,
das erste Häufchen in das Thrönchen
wurde mit Bützchen honoriert.

Ob Kindergarten oder Schule,
zum Abschied gab's stets einen Kuss,
auch wenn die Oma ich besuchte,
gab sie ein Bützchen mir zum Schluss.

Als kesser Teenie ging ich tanzen,
hielt meinen Zaubertraum im Arm,
mein Gott, das war ein anderes Bützen,
mir wurde durch und durch so warm.

Dann kam die Hochzeit, Glück und Ehe,
wir küssten uns vor dem Altar,
und jeder Kuss bei Schmerz und Wehe
zeigte, wie heilsam bützen war.

So gehn wir küssend durch das Leben,
bis unsere letzte Stunde naht,
und hoffen, dass auch einst beim Abschied
jemand ein Bützchen für uns hat.

Schickt dann der Herrgott einen Engel,
der neben mir im Himmel sitzt,
dann sag ich ihm, du musst mich küssen,
in Kölle hab ich auch gebützt!

LIEBE

BIND DEIN HERZ AN EINEN STERN

Bind dein Herz an einen Stern,
Lass es zu mir führen.
Heut sind wir noch Welten fern,
Doch bald wirst Du spüren, dass wir uns berühren.

Bind Dein Herz an einen Stern,
Lass es von ihm leiten.
Und das Funkeln von dem Stern
Wird uns zwei begleiten, über alle Zeiten.

Bind dein Herz an einen Stern,
Lass es von ihm tragen.
Andere Sterne helfen gern,
Ohne lang zu fragen – nimm den großen Wagen!

Hol mich ab, halt mich im Arm,
Zieh'n wir Himmelskreise.
Strahlen glücklich, wie ein Stern,
Und die Welt unendlich fern,
Fühlen uns ganz leise.

DIE SUCHE

Dass du sagst, du bist bei mir,
kann ich nicht verstehen,
denn ich dreh mich um und um,
kann dich nirgends sehen.

Suche ganz verzweifelt dich
unter großen Schmerzen.
Plötzlich dann entdeck ich dich,
tief in meinem Herzen.

DU BIST MEIN SEIL

Du bist mein Seil, ich halt mich an dir fest,
Mein Rettungsanker, der mir hilft, zu überleben.
Der Weg ist steil, den du mich gehen lässt,
du liebst mich sehr und kennst mein Seelenbeben.

Der Himmel weiß, wann wir zusammenfinden,
du bist so weit, uns trennen viele Flüsse.
Sehnsucht brennt heiß und Tag und Jahre schwinden,
wann kommt die Zeit der hunderttausend Küsse?

Du bist so fern, unendlich viel Sekunden,
und bist doch nah, wohnst tief in meinen Sinnen.
Ich hab den Diamant in dir gefunden,
wären wie frei, könnt unser Glück beginnen.

Ich glaube fest an dich mit jeder Faser,
du als mein Seil wirst starken Halt mir geben.
Ruhig, Schritt um Schritt, geh ich die lange Straße
in deinen Arm, denn ich will mit dir leben.

FLÄCHENBRAND IN MEINEM HERZEN

Flächenbrand in meinem Herzen,
In mir tobt ein Flammenmeer,
Heißer noch als tausend Kerzen,
Komm, sei meine Feuerwehr.

Lasse Liebe auf mich regnen,
Stille diesen Herzensbrand,
Gott wird die Verbindung segnen,
Schau, ich geb Dir meine Hand.

ER ZU IHR

Komm zu mir, mein Liebelein,
Mag nicht gern alleine sein,
Brauche dich ganz nah bei mir,
Drum rück ganz dicht her zu mir.

Leg dein Herz in meine Hand,
Sind ein Schatten an der Wand,
Wärme hüllt uns beide ein,
Fühlen uns zu zweit allein.

Schließen alles um uns aus,
Lassen die Gefühle raus,
Du bist meine erste Wahl,
Herz-an-Herz-Gefühl total.

Ahnst du denn, wie ich dich will
Und wie stark ich für dich fühl,
Wie du in mir Feuer schürst
Und mein Herz so stark berührst?

Feuerglut in unseren Lenden
Wird mit Explosionen enden,
Dann wirst du nicht nur geküsst,
Weil du viel zu sexy bist.

Spür, dass du noch überlegst
Und noch leise Zweifel hegst,
Doch schon bald dich nicht mehr wehrst,
Mir dann ganz allein gehörst.

Wirst von Herzen ja du sagen,
Werd ich dich auf Händen tragen,
Dann gehör ich dir allein,
Werd für immer bei dir sein.

LIEBE ÜBER ZEIT UND RAUM

ist ein wunderbarer Traum,
doch warum vom Himmel träumen
und auf Erden Glück versäumen?

Fliegen bis hinauf zum Mond,
glaubst du, dass das wirklich lohnt?
Möcht auf Erden hier zu zwein
mit dir endlos glücklich sein.

Ich brauch keinen Stern zu kaufen,
nicht durch Galaxien laufen,
will, dass du mein Glücksstern bist,
der mich unter Sternen küsst.

Laufen übern Regenbogen?
Schnell ist man herabgeflogen!
Würde gern darunter stehn,
ihn mir dir gemeinsam sehn.

Möcht auch kein Schloss auf dem Mond,
wo man dann alleine thront,
küsse lieber mich allein
jede Nacht im Mondenschein.

Will mit dir auf dieser Erden
bodenständig glücklich werden.
Wer hoch fliegen will, wie wahr,
kommt auf Erden sonst nicht klar.

MEIN HERZ, ES SAGT: ICH LIEBE DICH,

mein Mund befiehlt zu schweigen.
Ja, ich empfinde viel für dich,
das will ich dir gern zeigen.

Was sind schon Worte – schöner Schall,
sind viel zu schnell gebrochen,
denn manches Wort vergisst man schon,
noch eh es ausgesprochen.

Lass gut uns sein, ehrlich und treu,
uns helfen und uns halten,
dann sind wir eins und das macht stark,
so sollten wir's gestalten.

Drum halt mich fest und sei mir gut,
du brauchst nicht viel zu sagen,
bezähme deiner Worte Flut,
lieb mich –, du darfst es wagen.

Für meine beiden Söhne, die ich sehr liebe!

MUTTERTAG

Es ist Muttertag und ich habe zwei Söhne,
doch alle beide sind sie nicht da.
Es gibt Telefon, und das ist ja das Schöne,
SMS und Post und E-Mail, ganz klar.

Man telefoniert, ein Päckchen kommt an,
mit Grüßen, Duft und Schokolade,
hätt lieber die beiden persönlich bei mir
und würd sie gern drücken – wie schade.

Dann seh ich, es liegt eine Karte dabei,
mit Wünschen zum heutigen Tage,
Gesundheit und Glück und auch sonst allerlei,
es besteht für mich kein Grund zur Klage.

Ich lese die Worte und Tränchen, es rinnt,
nun sitze ich da, bin am Flennen:
Wenn Menschen im Herzen sich ganz nahe sind,
kann keine Entfernung sie trennen.

Es ist Muttertag und ich habe zwei Söhne,
und alle beide sind sie nicht da,
doch wir lieben uns – und das ist das Schöne,
im Herzen sind wir uns immer nah.

NUR FÜR DICH

Ich hab mich verliebt und liebe Dich scheu,
Nur Gott weiß, für wie viele Tage.
Und ist dies Gefühl irgendwann mal vorbei,
Dann trennen wir uns ohne Klage.
Genießen wir dieses geheime Gefühl
Und gehen dies Stück unseres Lebens!
Ich weiß, diese Zeit, sie schenkt uns sehr viel,
Trifft man sich doch niemals vergebens.

SONNENSTRAHLENFLIRT

Ein Sonnenstrahl spitzt durch die Wolken
und zwickt mich in den Bauch,
meint, he, willst du mich wohl bemerken?
Ich sag: Ich seh dich auch.

Setz meine Brille auf die Nase
und schau ihm ins Gesicht.
Flugs schlüpft er hinter eine Wolke,
und weg ist er, der Wicht.

Schon bald lässt er sich wieder blicken,
die Wolke zog vorbei.
Er strahlt, will Wärme zu mir schicken,
so flirten wir, wir zwei.

Es ist ein Blinzeln und Verstecken,
ein Streicheln und sich Küssen,
ein Strahlen und einander Necken
werd abends ihn vermissen!

WÄREST DU MIR NACHGELAUFEN

Wärest du hinter mir hergelaufen,
hättest du mir nie gegenüberstehen können.

Wäre ich vor dir weggerannt,
hätte ich nie auf dich zugehen können.

Wie gut,
dass wir uns irgendwann in die Augen schauten!!!

WARUM

Du glaubst nicht, wie ich dich vermisse,
ich hänge rum wie tot.
Gelähmt ist mein Bewegungspegel,
mein Herzalarm zeigt rot.

Mein wacher Geist träumt in den Zehen,
mein Herz sperrt selbst sich ein.
Ich kann und mag nichts Schönes sehen,
fühl mich allein – allein.

Der Sinn des Lebens in der Ferne,
ich quäle hier mich rum,
dabei wär ich bei dir so gerne,
es kann nicht sein – warum?

ZARTES SEELENVÖGELEIN

Zartes Seelenvögelein,
Fliege deine Kreise.
Flirr durch meine Sinne,
Heimlich, sanft, ganz leise.

Weiches Flaumgefieder
Streichelt meine Seele,
Fächelt Trost hernieder,
Stets, wenn ich mich quäle.

Setz dich bei mir nieder,
Sing dich in mein Herz,
Heil mit deinem Liede
Meinen tiefen Schmerz.

Hüll mit deinen Flügeln
Meinen Liebsten ein.
Hinter tausend Hügeln
ist auch er allein.

ZIEHEN IN DEN LENDEN

Wenn wir's nicht so super fänden,
dieses Ziehen in den Lenden,
hätten wir mehr innere Ruh
und Gelassenheit dazu.

Doch es will und will nicht enden,
dieses Ziehen in den Lenden,
und beim Träumen läuft dir munter
Gänsehaut den Rücken runter.

Tja, womit mag es wohl enden,
dieses Ziehen in den Lenden?
Wohl mit Küssen und Verwöhnen,
mit Befummeln einer Schönen,
einer Maid, drall, lieb und nett,
ei – man landet halt im Bett!!!

Meint man nun, es müsse enden,
dieses Ziehen in den Lenden,
dann ist die Enttäuschung groß,
denn bald geht es wieder los!

AN EINEM TRÜBEN REGENTAG,

wenn man nicht raus ins Wetter mag,
ist reichlich Zeit für Liebe.
Dann legt man sich aufs Kanapee,
schwingt seine Füße in die Höh'
und widmet sich der Triebe.
Schöne Musik im Radio,
die Kuscheldecke unterm Po,
damit nur ja nichts ziepe.
Ja, damit nehm ich gern vorlieb,
ist's draußen auch noch immer trüb,
das stört nicht unsere Liebe,
wünsch mir, dass es so bliebe!

DIE MARGERITE

Er sitzt am Fluss im Ufersand
und hält ein Blümlein in der Hand,
mit vielen weißen Blättchen.

Seine Gedanken schweifen hin
zu ihr – er hat sie stets im Sinn –,
ein wunderschönes Mädchen.

Er liebt sie seit dem ersten Blick
und seine Brust, die schwillt vor Glück,
gleichzeitig Zweifel nagen.

Drum will er nun nach altem Brauch
wie viele andre vor ihm auch
das kleine Blümchen fragen.

Sie liebt mich, ach, sie liebt mich nicht,
die Zweifel steh'n ihm im Gesicht,
derweil die Blättchen fliegen.

Sie liebt mich nicht, sie liebt mich doch,
das letzte Blättchen sagt ihm noch,
er wird das Mädchen kriegen.
Die Liebe, sie wird siegen!

TRENNUNG

ALTES MÄDCHEN

Altes Mädchen, wein nicht mehr,
so kannst du nicht weiterleben.
Fällt das Fortgehen dir auch schwer,
geht's dir besser hinterher,
freu dich auf ein neues Leben.

Freu dich auf den neuen Mann,
es gibt noch so viele Ziele,
viel, was er dir geben kann,
pack's mit ihm gemeinsam an,
du bist viel zu schad' für Spiele!

EINE GROSSE LIEBE GEHT

Eine große Liebe geht,
Regnet's Rosen oder Tränen?
Was bleibt, wenn der Schmerz verweht;
Lachen oder heißes Sehnen?
Oder einfach dran gewöhnen?

Unsre große Liebe geht,
Werden wir das einst bereuen?
Wenn man sich nicht mehr versteht,
Jedes Wort nur noch verdreht,
Und kann sich an nichts mehr freuen?

Diese große Liebe geht,
War es Liebe oder Träumen?
Sei's drum, was jetzt noch besteht,
Reicht nicht mehr zum Überschäumen,
Zeit, die Seele aufzuräumen!

ES KOMMEN DOCH IMMER MAL WIEDER SO ZEITEN,

wo ich anhalten muss, um zu verarbeiten.
Der Sinn Deines Lebens sei ich Dir gewesen,
hast stets Du gesagt und doch wieder vergessen.

Ich habe bis heute nicht wirklich verstanden,
dass wir die gemeinsame Lösung nicht fanden.
Doch Du kannst, so denk ich auch im Nachhinein,
so schwerfällig wie ein Politiker sein.

Du hast mich gebraucht, mich für Dich zu verrenken
und den nächsten wichtigen Schritt zu bedenken.
Ich hab Dich beschworen, ich hab Dich geschliffen,
Du bliebst, wie Du warst, und hast gar nichts begriffen.

Hast Dich treiben lassen, ließt fröhlich mich walten,
und ich hab geschafft und stets zu Dir gehalten.
Du dachtest Dir, irgendwie wird es schon werden,
doch nicht ewig gibt's solche Geschenke auf Erden.

Und heute sagst Du mir, Du schaffst alles allein,
gibst mir das Gefühl, ich war nichtig und klein.
Ich muss Dir gestehn, das verletzt mich doch sehr,
und eins sollst Du wissen, ich glaub Dir nicht mehr.

Hast meine Gefühle zu oft hingehauen,
da stirbt jede Liebe und jedes Vertrauen.
Es tut weh, nach so langer Zeit zu erfahren,
dass all meine Mühen so unfruchtbar waren.

Nun sagst Du, Du schaffst es alleine, na ja,
ganz klar, dass ich wein, wozu war ich dann da?
Ich hab so gehofft, dass das Blatt sich noch wendet,
und es nicht mit Auszug und Trennung heut endet.

Ich wünsch mir von Herzen, Du machst es dann wahr,
und kommst ohne mich, ganz allein, prima klar.
Sei bitte nie einsam, wenn ich heute gehe,
ich wünsch Gottes Segen, auch nach unserer Ehe,
und sage Dir heut, ist die Trauer auch groß,
den Sinn *meines* Lebens, *ich* lass ihn nun los.

HEUTE WAR ANWALTSTERMIN

Und wir beide gingen hin,
saßen da, so Seit an Seit, wie in unserer Ehezeit.
Seit an Seit berieten wir das Ende zwischen dir und mir,
das Ende der Gemeinsamkeit, gütliche Trennung, ohne Streit.
Ich saß als Gegner neben dir, fühlte noch Bindung tief in mir
und dachte wieder, ganz benommen,
warum nur musste es so kommen?
Längst schon vorbei ist unser Glück,
von nun an gibt es kein Zurück.
Mal seh'n, ob Zeit die Wunden heilt, ab heute wird nun aufgeteilt.

Was fehlt mir für mein neues Glück?
Was brauch ich und was bleibt zurück?
Zwar traurig, doch so ist das nun, das alles bräuchten wir nicht tun,
wenn man es recht betrachtet, hätt'st du mich mehr geachtet!

ICH TRAG DICH IMMER NOCH IM HERZEN

und manchmal tut es auch noch weh,
bei Heckenrosen und bei Kerzen
passiert's, dass ich dich vor mir seh.
Tief in mir ist da noch ein Sehnen
und meine Seele schreit: „Ich will",
aus meinen Augen rollen Tränen,
doch mein Verstand sagt: „Halte still,
es musste so, nicht anders kommen,
das Schicksal lenkt uns, wie es will.
Es hat gegeben, hat genommen,
drum, dummes Herz, halt endlich still."

IST VERTRAUEN ERST KAPUTT,

tut die Liebe nicht mehr gut.
Wie kann ich dir noch was gelten,
ohne Zweifel anzumelden?
Wie kann ich dir noch vertrauen,
ohne dreimal hinzuschauen?
Was willst du von mir erwarten,
spielst doch mit verdeckten Karten!
Wie willst du mir imponieren,
ohne Wunden zu berühren?
Kannst nichts mehr geradebiegen,
mittels ständig neuer Lügen.
Engagement brächte Gewicht,
Dampfplauderer mag ich nicht.
Niemand spendet dir Applaus,
spuckst du heiße Luft nur aus.
Nicht nur drohen, sondern schön
auch zu deinem Worte steh'n!
Längst schon steht dir im Gesicht,
„Ja, ich bell, doch beiß ich nicht."
Von dir gehen, nicht mehr schwer,
eins steht fest, ich mag nicht mehr.
Stark verändert hast du dich,
warst das Leben einst für mich.
Liebe, Zukunft, Freude, Glück,
geb dir alles nun zurück,
weil ich endlich deutlich spür,
nein, ich pass nicht mehr zu dir.
Du hast alles uns verdorben,
meine Liebe ist gestorben.
Nein, Schmerz fühle ich nicht mehr,
denn mein Herz für dich ist leer.

NACH ZERBROCHENER LIEBE
FOLGT DAS LEID

Treue schwor man sich vor langer Zeit,
Worte, die nun scheinbar endlos weit,
tiefster Schmerz ob der Verlassenheit,

Versäumtes wird nun viel zu spät bereut.
Alleine und nie mehr mit ihm zu zweit,
Seele, die ihr Weh zum Himmel schreit.

Schuld daran der ewig dumme Streit,
wegen immer neuer Nichtigkeit,
eigentlich tut es ja beiden Leid,
doch was bleibt, ist die Zerissenheit
und die Suche nach der Möglichkeit
für Versöhnung, möglichst jetzt und heut.

Doch die Lage wird vermaledeit,
ist der andre nicht dazu bereit,
den, scheint's, der Verlust gar nicht gereut,
hat sich, scheinbar, leicht von dir befreit,
suchte sich ein anderes Geleit
und genießt nun neue Paarungszeit.

Schlimm daran ist die Verlogenheit.
Oder ist es nur der eigene Neid?
Dann begreif, es ist Vergangenheit,
lass den Partner los, und zwar noch heut.

Du kannst mit ihm sprechen jederzeit
kann ja sein, dass ihr einst Freunde seid.
Hör auf meinen Rat, komm, sei gescheit,
finde NEUE Ufer es wird Zeit!

RAUS AUS DIESER IDIOTIE

Fort und in ein neues Leben.
Weiß zwar noch nicht wann und wie
Und was ich noch muss erleben.

Eine große Lieb' erlischt,
Nur noch Frust, ein Meer voll Tränen.
Die Gedanken sind vermischt,
Keine Kraft, sich zu versöhnen.

Ich verlasse dieses Haus,
Wo zwei Söhne ich gebar,
Früher war es mir ein Heim,
Wo ich gern und glücklich war.

Doch die Zeit verändert viel,
Menschen, Denken und auch Fühlen,
Schafft es, dich vom Lebensziel
Kurzerhand hinwegzuspülen.

Sich verändern, das ist Leben,
Und wer anders denkt, der träumt.
Gut, dann wage ich es eben,
Jetzt wird Seele aufgeräumt.

RENDEZVOUS IM GRANDHOTEL

Sein Rolls-Royce fährt rasend schnell
zum Rendezvous im Grandhotel.

Die Fürstensuite hat er gebucht, das Beste für sie ausgesucht.
Kerzen verbreiten warmen Schimmer,
ein Arm voll Rosen auf dem Zimmer,
im roten Rosenblätterregen will er sie in die Kissen legen,
aus Seide, zart wie ein Gefühl, die große Liebe ist im Spiel.
Die Sehnsucht quälte ihn ein Jahr, verlorene Zeit, die endlos war.

Ein Butler kommt, legt in Livree aufs Bett ein Spitzennegligé.
Das sündhaft teure Collier küss ich ihr heut aufs Dekolleté,
denkt er, noch ist er ja allein, bald wird die Liebste bei mir sein.

In dieser Zaubernacht der Nächte
schenk ich ihr mehr noch, als sie möchte.
Ich werde stilvoll sie verführen, lass frische Austern ihr servieren,
und in den Austern, fiel ihm ein, da sollten dicke Perlen sein.

Wenn er sie doch schon bei sich hätt, sie wird geholt in seinem Jet.
Mit Luxus, sagt ihm eine Stimme, betör ich dieser Frau die Sinne.
Viel Orchideen in den Vasen, ein Fackelherz brennt auf dem Rasen,
er fragt sich, wo das Flugzeug bleibt,
das LIEBE an den Himmel schreibt.

Liegt sie bei ihm, in seinem Bett,
spielt sehr dezent ein Streichquartett,
passend dazu auf jeden Fall edler Champagner in Kristall.

An Feuerwerk hat er gedacht, wenn er ihr seinen Antrag macht.
Die Liebe brennt, sein Blut wallt heiß, da piepst es im Computer leis:
Den Jet schick ich zu dir zurück,
vergiss mich nicht, ich wünsch dir Glück!

Sie hat ihm eine Mail geschrieben
und ist bei ihrem Mann geblieben!

VORBEI

Unsre Zeit ist aus, vorbei ist's mit uns beiden,
Ich verlass das Haus, du merkst doch, wie wir leiden.
Keine Tränen mehr, es sind genug geflossen,
Alles wurde schwer, so hoffnungslos verdrossen.

Wir haben, was wir konnten, dem anderen gegeben,
Geliebt, geweint, gelacht, es war ein Kämpferleben.
Doch mit der Zeit schwand alles, Liebe und Kraft, dahin,
Und mir blieb die Erkenntnis, dass ich nicht glücklich bin.

Was Gott nun mit uns plant, das zeigt ER und die Zeit,
Damit wir Freunde bleiben, schenkt ER Besonnenheit.
Geh'n wir getrennte Wege, bin ich dir nah bestimmt
Und weiß, was wir uns gaben, uns nichts und niemand nimmt.

Nun stehst du da und fühlst dich ganz einsam und allein,
Der liebe Gott, er möge auf dich viel Gutes streun.
Mit einem andren Partner will ich nun weiter geh'n,
Und gerne eines Tages dich einmal wiedersehn.

JAHRESZEITEN

FRÜHLING

Junger Frühling, bunter Reigen,
Willst uns deine Triebkraft zeigen?
Schießt die Knospen aus dem Feld,
Schleuderst Blumen in die Welt.

Lässt die Weidenkätzchen sprießen,
Weckst die Bächlein auf den Wiesen,
Bläst das Eis von jedem Teich,
Rüttelst Schnee von jedem Zweig.

Glöckchen, Krokusse, Narzissen
Lässt du von der Sonne küssen,
Dass sie wachsen und sich strecken,
Kunterbunt an allen Ecken.

Frühling, du machst alles neu,
Denn die Kälte ist vorbei,
Weckst die Tierchen auf dem Raine,
Trocknest Wäsche auf der Leine.

Auch dem Mensch verleihst du Flügel,
Treibst ihn über Feld und Hügel,
Frühlingsfit wird Groß und Klein,
Katze gähnt im Sonnenschein.

DER SOMMER HAUT UNS ÜBERS OHR

Der Sommer haut uns übers Ohr,
gar kräftig, will ich meinen.
Die Sonne traut sich nicht hervor
und denkt nicht dran zu scheinen.

Sieht man sie einen Augenblick
und man beginnt zu hoffen,
schon zieht sie wieder sich zurück,
wies weiter geht, bleibt offen.

Auch Regen gab's mehr als genug,
das Unkraut wächst wie irre.
Sommer, – ich find das ist Betrug
und das macht mich ganz kirre.

Komm, lass dich locken, müder Kerl
und zeig dich nicht so träge.
Was glaubst du, wie der Sommer wär,
wenn es an mir nur läge!!!

UND WIEDER WILL ES
FRÜHLING WERDEN

Der Herrgott grüßt aus jedem Strauch,
aus jedem Baum und Blümchen auch,
und schickt die Wärme aus der Erden.

Die Vöglein singen frohe Liedchen,
das Bienchen schwirrt ums Honighaus,
die jungen Burschen zieh'n hinaus
und suchen sich ein süßes Liebchen.

Ach – überall ein Neubeginnen,
nur ich kleb stets im alten Trott,
ich ging so gern auch einmal fort
und pfiff auf Haus und Pflicht und Pott.
Mein Inneres ein Hüh und Hott,
trüg gern ein sexy Kleidchen, rot?
Dann wieder diese innere Not,
was sagt da wohl der liebe Gott?

Ich rüg mich selber: Bist von Sinnen?
Was könntest du dabei gewinnen?
Hör endlich auf, so rumzuspinnen!

FRÜH IM JAHR

Wenn früh im Jahr die Knospen brechen,
weit auf, für uns zu blühen,
im Süden alle Vögel sprechen,
kommt, lasst uns heimwärts ziehen.

Beginnt ein Pflanzen und ein Rechen,
ein Zwitschern und ein Schaun,
dann sieht man wieder Nachbarn sprechen,
gemütlich übern Zaun.

Zieht dann der Sommer in das Land,
die Bäume sind am Wachsen,
ein Zweig spitzt übern Gartenrand,
schon macht der Nachbar Faxen.

Der Herbst kommt und die Blätter fallen,
den Nachbarn platzt der Kragen,
nun werden sie die Fäuste ballen,
gemeine Dinge sagen.

Es kriegen jeden Herbst aufs Neu'
sich Nachbarn in die Haare.
Weihnachten ist das meist vorbei,
das ist das Wunderbare.

So senkt sich Jahr für Jahr darnieder,
man lächelt und man keift sich an
und fragt sich jeden Frühling wieder,
warum nur hat man das getan?

TANZ IN DEN MAI

Auf geht's, wir gehen aus, juchhei,
auf ein Tänzchen in den Mai.
Lauter schöne Dinge winken,
Schwätzchen halten, Bierchen trinken,
Reden schwingen, Bratwurst essen,
Liedchen singen nicht vergessen.
Viele nette Leute treffen,
Schwester, Bruder, Nachbar, Neffen,
ja, man meint, juchheisassa,
fast der ganze Ort wär da.

„Hab dich lang nicht mehr gesehn!"
„Ja, der Winter war recht schön."
„Hattest dir doch vorgenommen,
mal bei uns vorbeizukommen!"
„Hab's vermasselt, tut mir leid,
hatte auch sehr wenig Zeit!
Hatten unsere Oma da,
und so weiter, bla, bla, bla."

„Hey, das müssten wir schon bringen,
wieder mal das Tanzbein schwingen!
Darf ich bitten? Bin dabei,
komm, wir tanzen in den Mai."

Und wer tanzt, wird sich erhitzen,
beide fangen an zu schwitzen,
doch das ist vollkommen wurscht,
schnell ein Bierchen für den Durst.

Weiter geht's im Discoschritt,
und ein Bier (Kölsch) muss immer mit.
Schnell ein Bützchen auf die Lippen
und dann noch ein Gläschen kippen.
Wie die Stunden schnell verfliegen,
ob wir noch ein Schnäpschen kriegen?

Fröhlich geht das Feiern weiter,
alle Mann sind superheiter.
Fünf-, sechs Bier zu viel genossen,
jetzt geht's heim, hat man beschlossen.
Mancher Kopf beginnt zu dreh'n,
sieht überall Maibäumchen steh'n.

Steht einer auch vor deiner Tür,
schwör ich dir,
der ist von mir!

HEY, SOMMERTAG

Hey, Sommertag, ich grüße dich,
welch wunderbarer Morgen,
am Fenster steh'n, Gardinen weh'n,
weg fliegen meine Sorgen.

Ach, Sommertag, wie bist du schön,
ich trete in den Garten,
samtweiche Luft und Zauberduft,
die zärtlich mich erwarten.

Du bist so stimmungshell für mich,
ich blick über die Wiese,
seh Wolkenspitzen und Strahlen blitzen,
die lachend ich begrüße.

Ich bin entspannt, ganz ruhig und froh
und doch nicht ganz zufrieden,
hätt gern zurück der Liebe Glück,
ach, wär's mir doch beschieden.

Hör leise Schritte hinter mir,
Arme, die mich umschlingen,
mein Liebster da, mir so hautnah,
ich möchte vor Glück zerspringen

HERBST

Die letzten Äpfel, Nüsse, Beeren,
die letzten Blumen, groß und klein,
geben dem Sommer noch zu Ehren
ein furioses Stelldichein.
Sie strahlen weit in Feuerfarben
und strengen sich gar mächtig an,
die bunte Pracht zu zelebrieren,
und wir erfreuen uns daran.

Die stimmungsvolle Zeit des Herbstes,
nun ist sie da mit ihrem Charme,
seine geheimnisvolle Schönheit
legt manchen Strauß uns in den Arm.
Dann lassen wir uns inspirieren,
tragen die Farben in das Haus,
um liebevoll zu dekorieren,
und ja, es sieht bezaubern aus.

Vorbei der Sinnesrausch des Sommers,
der kalte Winter nicht mehr weit.
Wir halten fest die Farbenflammen,
Faszination der Herbstzeit.

SCHWAMMERLZEIT

Endlich, endlich ist's so weit,
Es ist wieder Schwammerlzeit.
An jedem Wäldchen kannst du sehen
Jede Menge Autos stehen.

Leute mit Körben, Tüten, Töpfchen
Suchen nach den Schwammerlköpfchen.
Sieht man eins spitzen aus dem Moos,
Ich sage euch, dann ist was los.

Dann hüpfen Menschen um das Pilzchen
Im Wald herum wie Rumpelstilzchen.
Da wird der stärkste Kerl zum Spinner
Und freut sich wie ein Hauptgewinner.
Ist dieser Pilz auch noch gesund,
Ist seine Pilz-Welt kugelrund.

Doch wenn ein Würmchen ist im Stängel,
Dann ärgert sich der Pilzsuchbengel.
Du kannst ihn hör'n durchs Dickicht fluchen,
Gleich fehlt die Lust zum Weitersuchen.

Bedenkt: Der Herrgott macht's schon recht,
Dass einer gut ist, einer schlecht.
Wohl dem, der's nicht so tragisch nimmt,
Hauptsache ist, die Mischung stimmt!

DER KÜRBIS

Der Kürbis ist ein schöner Kerl, orange, oval, meist rund.
Ein letzter Gruß vom goldenen Herbst,
schmeckt gut und ist gesund.
Fühlt sich gut an und strotzt vor Kraft,
er ist auch ganz schön schwer,
Schneid ich ihn durch, kommt wenig Saft,
doch gibt er sonst viel her.

Zum Knabbern mag ich sie sehr gerne, ich puhle sie heraus,
Dann röste ich sie, die Kürbiskerne, es kommt mir keiner aus!
Sie hat viel Fleisch, die Kürbisfrucht, das muss ich mir erkämpfen,
Schneid mit viel Müh die Schale ab, um es mir zart zu dämpfen.

Es schmeckt süßsauer als Kompott, als Suppe würzig-heiß.
Ich mag ihn gern, den Kürbiskopf, und nicht nur ich, ich weiß!
Auch Kinder haben diesen Kerl so recht von Herzen gerne,
Denn jetzt beginnt die dunkle Zeit und er wird zur Laterne.

Dann strahlt sein Kürbisangesicht, orangefarbenes Licht im Dunkeln.
Er gab uns viel, wir danken ihm –
Und seine Augen funkeln!

EIN ÄPFELCHEN
ZUR WEIHNACHTSZEIT

mit glänzend roten Bäckchen
beiß es nicht an, bewahre es,
leg's auf ein Weihnachtsdeckchen.

Dein Äpfelchen zur Weihnachtszeit,
hinein steck eine Kerze,
schnell sind vergessen Sorg und Leid,
erfreu'n sich Aug und Herze.

Und hast du einen kleinen Zweig
aus Tanne oder Fichte,
dann stell dein Äpfelchen darauf,
und Trübsal wird zunichte.

Schau's an, dein Äpfelchen, und wag,
ein Weihnachtslied zu singen.
Die kleinen Dinge in der Welt
sind's, die uns Freude bringen.

UMWELT

ARMER VATER RHEIN

Ich gehe so am Rhein dahin, lausche der Wellen Stimmen,
voll Glück und sommerlichem Sinn, da seh ich etwas schwimmen.
Ein Ölfass hüpft im Sonnenglanz und auch ein alter Schuh,
vollführen einen Wellentanz, drei Flaschen noch dazu.
Da hinter schwimmt ein Tannenbaum vom letzten Weihnachtsfest,
da hockt ne dicke Möwe drauf, die sich gern treiben lässt.

Wer wirft all das ins Wasser rein? Die sind doch nicht gescheit!
Ein Entenpaar fliegt schnatternd weg, bringt sich in Sicherheit.
Mein Glücksgefühl, es ist vorbei, ich kann es nicht begreifen,
in Ufersträuchern hängen zwei kaputte Gummireifen.

Badelatschen, Plastikstangen, Plastikeimer, Beutel,
vieles hat sich dort verfangen, Schnapsflaschen und Feudel.
Großmarkttüten, Spielzeug, Schnüre, vom Grillevent der Müll,
Pizzahüllen, Kuscheltiere und anderes Kleinzeug viel.

Junge Brombeerranken streben mühsam aus dem Dreck raus
und manch anderem Uferpflänzchen macht der Unrat den Garaus.
Viele Freunde auf vier Pfoten hinterlassen ihre Spur,
tritt man in ein Häufchen, ist es trotzdem Scheiße pur.

Bleib dem Ufer ferne, wer es nicht zu schätzen weiß,
Fluss verzichtet gern auf Plastik, Glas und Hundescheiß.
Nur die Ignoranten kriegen von der Not nichts mit,
die nie am Ufer standen, Liebe zur Natur im Blick.

Vater Rhein mag uns vergeben, Mensch vermacht ihm jeden Shit,
doch sollte Mensch auch überlegen, ein Fluss, nimmt doch nicht
alles mit!!

MÜLL AM WEGRAND

Ne leergetrunkene Flasche stand
braun und verdreckt am Straßenrand,
und dicht dabei, gleich neben ihr,
zerknüllt ein Butterbrotpapier.
Da bläst der Wind in ihre Mitte
die Hülle einer Schokoschnitte,
dekorativ gleich nebenan
Bonbonpapier aus Zellophan.

Als wär das alles nicht genug,
ein ausgebeulter Plastikkrug,
und außerdem noch voller Dreck
gebrauchtes Plastik-Essbesteck,
dann Servietten, rot, grün, blau,
wer hier gespeist hat, war ne Sau.

Die Flasche sagt nun: Nach dem Essen
hat uns der Idiot vergessen.

Der Krug sagt: Es ist nicht zu fassen,
der hat uns einfach liegen lassen!
Der Mensch pfiff auf den ganzen Dreck,
dachte, ein anderer räumt's schon weg.

Wir waren, sagt Papier zur Flasche,
verpackt in einer Plastiktasche.
Und wie der Mensch damit gekommen,
hätt er uns besser mitgenommen.
Warum sind Menschen nur so blind?
Wegtragen tut es dann der Wind.
Dann findet man den Müll der Welt
verackert im Gemüsefeld.

MÜLLIDIOTEN

Leider gibt's überall Idioten,
die fleißig das tun, was verboten,
die denken, ICH füg mich nicht drein,
behutsam sollen ANDERE sein.

Die denken, was sich DER geschaffen,
das mach ICH ihm kaputt, dem Affen.

Die dieser Welt, auf der sie leben,
gleichgültig ihren Unrat geben
und, weil sie SICH UND ANDERE hassen,
Müll und Zerstörung hinterlassen,
ja, noch zufrieden dabei lachen,
wenn sie recht viele Scherben machen.

Bedenke, Depp, bist DU mal alt,
lässt DICH der Unsinn nicht mehr kalt,
dann wirst DU diese Wege gehen,
den Müll von anderen Deppen sehen,
fühlst Dich in diesem Unrat mies
und denkst:
Was war ich damals fies.

SPRAYER UND SCHNITZER

Warum beschmieren Narrenhände
stets Bänke, Schilder, ganze Wände?
(Ach ließen sie's doch lieber bleiben,
sie können nicht mal richtig schreiben!)

Ein anderer lässt sein Messer blitzen,
um was aus Holz ist anzuschnitzen.

Nun frag ich EUCH, müsst IHR das machen?
Und auch noch hämisch dabei lachen?
Freunde, ich kann EUCH garantieren,
einst wird man EURE Wand beschmieren
und EURE Holzbank ruinieren.

Dann wird auch EUCH man nicht verschonen,
wird EURE Jugendsünden lohnen,
IHR schaut dann sicherlich nicht weg,
und fühlt EUCH mies in diesem Dreck!
IHR glaubt das nicht? Wollt weitermachen?
Und dazu weiter spöttisch lachen?

Seid IHR einst alt, vielleicht auch krank,
dann seid IHR dankbar für 'ne Bank,
auf der IHR gern gemütlich sitzt!
Ein Depp hat daran rumgeschnitzt?
Dann wünsch ich EUCH schon heute barsch:
Reißt EUCH 'nen dicken Span in ...Arsch...!

An die, die gern mit Farben „scherzen":
Versucht es mal, sprüht bunte Herzen!
Daran würd sich so mancher freuen
und IHR braucht keine Fehler reuen!

IM TIEF

AUFWÄRTS GEHT'S

Aufwärts geht's, raus aus dem Tief,
Ging auch bisher alles schief,
Hoch den Kopf und unverdrossen
Wird das Leben jetzt genossen.

Keine Angst mehr vor dem ABER,
Schluss mit NEGATIV-GELABER;
Möchte, dass ich wieder singe,
Neuen Blick für schöne Dinge.

Froh, mit Lachen im Gesicht,
Hängen lassen lohnt sich nicht.
JA, von jetzt an geht's bergauf,
Traurigkeit? Ich pfeife drauf!!!

SCHIMPF NICHT GEGEN DEPRESSIONEN

und ergeh dich nicht im Spott,
mög der Herr dich davor schonen,
hast du's, fühlst du größte Not.

Fragst dich, warum deine Seele
derart deinen Körper quält,
welchen Leidensweg du durchmachst,
das hat niemand dir erzählt.

Schlaflos, mutlos, Schmerzen, Tränen,
kaum ein Fünkchen Lebenskraft,
nach Gesundung geht dein Sehnen,
hast doch einst so viel geschafft!

Spotte nicht die Depressiven,
sie sind krank und leiden sehr.
Stürzt DU ab, in schwarze Tiefen,
lebst du unerträglich schwer.

Suchst Licht hinter allen Türen,
ja, das kann auch dir passieren.

TOD UND TRAUER

HALLO MAMA, ICH BIN HIER

Vom Jenseits spreche ich zu dir.
Ich sitze hier in Gottes Garten,
seh dich in Liebe auf mich warten.
Du denkst, ich hab die Zeit vergessen
und käme später nur zum Essen?
Gleich würd es an der Türe schellen,
mein Hund würd so wie immer bellen?
Du würd'st gesund mich wiedersehn?
Nein – ich werd nicht vor der Türe stehn!

Ich hab das Auto nicht gesehn,
es gab nen Knall, schon war's geschehn,
ach, Mama, alles ging so schnell,
da war der Stoß, es wurde hell,
ich sah ein Licht, das wollt mich eben
behutsam in den Himmel heben.

Doch irgendwas hielt mich gefangen,
ich sah noch Arme nach mir langen,
konnt Helfer hörn, die zu mir traten,
Stimmen, die um Verzeihung baten,
konnt dich in meinem Herzen sehn,
dann wieder Licht – ich musste gehn.

Was dann geschah, ich weiß es nicht,
ich sah nur immer dein Gesicht,
hast mich getragen, mich geboren,
hast mich nun viel zu schnell verloren.
Ich weiß, das ist sehr schwer für dich,
viel tausendmal vermisst du mich
und Tränen fließen, das ist klar,
weil viel zu früh der Abschied war.

Komm, wein nicht, Mama, schau nach oben,
siehst du da kleine Wölkchen toben,
bin ich dabei, das sollst du wissen,
lass dich im Stillen von mir küssen.
Ist auch dein Blick von Trauer trübe,
denk stets daran, wie ich dich liebe,
es geht mir gut – auf jeden Fall,
und Liebe spürt man überall!

Zwei Gedichte, geschrieben in Gedanken an meine Freundin Irmgard,
als sie starb.
Ich vermisse sie sehr.

FREUNDE STERBEN NICHT

Freunde sterben nicht, Freunde gleichen alten Bäumen.
Ihre Wurzeln stecken tief in uns,
im Tun, im Herzen und in Träumen.
Wenn eine Freundin geht und wir in Trauer sinken,
bleiben doch Stamm und Zweige da,
die liebend friedvoll winken.
Wenn ich an meine Freundin denk, dann werd ich lauschen,
ich stell mich unter einen Baum
und hör sein Rauschen.

OHNE DICH

Ohne dich ist nichts mehr so wie früher,
jede Sekunde hat ein großes Loch.
wenn ich mich auch noch so sehr bemühe,
ganz stark zu sein – du fehlst mir doch.

Ich bin so oft bei dir mit den Gedanken,
würd dich so gerne sprechen oder sehn,
jedoch zum Jenseits gibt's geheime Schranken,
und darum weiß ich ja, es wird nicht gehen.

Still Monolog mit dir zu führen,
hab ich, seitdem du gingst, geübt,
hoffe, du kannst mich hören drüben –
im Jenseits –, wenn es dir beliebt.

Was hatten wir doch schöne Zeiten,
warst beste Freundin, Mutter, Schwester, Halt,
konnt dich in schwerer Zeit begleiten,
heut liegt dein Staub verstreut im Wald.

Und doch greif ich beständig wieder
nach den Sekunden mit dem Loch
und wünsch, du blickst zu mir hernieder
und bist bei mir – ach, bitte tu es doch!

WENN MAN EINST GEHEN MUSS

Ganz leise weicht das Leben hin
Und Friede senkt sich in mein Herz.
Ich spür, dass ich bald nicht mehr bin,
Empfinde dabei keinen Schmerz –
Nur Leichtigkeit umgibt mein Denken
Und Liebe füllt mein letztes Sein,
Bald wird der Herr mir Ruhe schenken,
Holt mich ins Himmelreich hinein.

ZWEI AUTOS WEITER

Tempo hundert km/h, das war vorgeschrieben,
ich fuhr selbst schon hundertzehn, du hast übertrieben!

Zogst geschwind an mir vorbei, im Gesicht ein Lachen,
nach zwei Autos kam der Baum, Mann, ich hört' es krachen.

Und der Baum fiel auf das Feld, und mit ihm dein Leben.
Hab ein Warnlicht aufgestellt und ein Kreuz daneben.

Lagst zerfetzt in deinem Blut, zu spät für Hilfe, leider.
Hast einen hohen Preis bezahlt, für nur ZWEI AUTOS WEITER!

ER TRAUT SICH NICHT UM HILFE BITTEN

Er traut sich nicht um Hilfe bitten,
wo findet er ein offenes Ohr?
Er steht mit Nöten in der Mitten
und kommt sich doch verlassen vor.

Vorm besten Freund tät er sich schämen,
bei dem klappt alles wunderbar,
den scheint im Leben nichts zu grämen,
doch – ist dies Denken wirklich wahr?

Verwandte, soll er's ihnen sagen?
Die haben mit sich selbst zu tun,
drum wird er es alleine tragen,
tief in die Seele schiebt er's nun.

Jedoch es ruht nicht, nein, der Druck wächst weiter,
das Schicksal nimmt 'nen tragischen Verlauf,
er hält die Last nicht aus, holt eine Leiter,
bringt eine Schlinge an und hängt sich auf.

Und dann beginnt das große Wundern,
warum hat er denn nichts gesagt?
Fast jeder Mensch hat seine eigenen Wunden,
darum hat er zu fragen nicht gewagt.

(Gedanken, als ein Nachbar sich das Leben nahm.)

TRAURIG

Du meinst, dass deine Welt zerbricht,
Sonnenstrahlen gibt es nicht,
grau die Tage, trüber Sinn,
müde schleppst du dich dahin.
Traurig deine Augen blicken,
all die Last will dich erdrücken,
kein Silberstreif am Horizont,
nichts mehr, das der Freude lohnt.

Dann besinn dich auf den Herrn,
denk daran, ER ist nie fern,
wo du hingehst, geht ER mit,
und fällt schwer dir jeder Schritt,
trägt ER dich auf deiner Bahn,
halt dich fest und lehn dich an!

Trau auf Jesus, lass IHN machen,
und du kannst bald wieder lachen!!!

VATERS HÄNDE

Ach, wenn ich sie noch halten könnte,
meines Vaters alte Hände.
Voll von Spuren harten Lebens
und des Kämpfens und des Gebens.

Die angstvoll fern der Heimat bebten,
als sie, noch jung, den Krieg erlebten.
Und wie sie winkten voller Glück,
kamen sie doch gesund zurück.

Vergessen schnell die schlimmen Lasten,
zwei Frauenhände stolz sie fassten,
vier Hände, die sich sanft belohnten,
weil sie sich glücklich streicheln konnten.

Paps Hände konnten so viel geben,
haben so viel geschafft im Leben,
gern sie auch mal ein Bierglas hoben,
mir hin und wieder eine „schoben".

Und als sie dann, in alten Tagen,
müde in seinem Schoße lagen,
da kam meine Gelegenheit,
ich hielt sie fest, nahm mir die Zeit.

Wie gerne hielt ich diese Hände,
doch alles hat einmal ein Ende,
sie wurden zittrig, krumm und müde,
vertrauten still auf Gottes Güte.

Ich streichelte die beiden Guten,
bis sie für alle Zeiten ruhten.
Ein Jahr genau ist das nun her,
will sagen, ich vermiss sie sehr!

JA, LOGISCH!

DIE FLASCHE

Die Flasche sagt: „Wenn ich nicht wär,
mein liebes Glas, dann bliebst du leer!"

Drauf sagt das Glas: „Das ist zum Brüllen!
Ne andere Flasche würd mich füllen,
und du Depp bliebst dann jedenfalls
für immer randvoll,
bis zum Hals!"

DIE POPOS

Alte Popos, junge Hintern,
von Erwachsenen oder Kindern,
haben allesamt zwei Backen,
alte hängen, junge knacken.

Und alle haben sie ein Loch,
sieht man es nicht,
oft hört man's doch!

ZWEI JECKE DOSEN

Ne Dose rot, ne Dose blau,
die eine sagt zur anderen: „Schau,
ich bin gefüllt mit rotem Lack,
man streicht mich hin, das geht zack–zack,
ich trockne schnell und bin ergiebig,
bin einsetzbar stets und beliebig."

Da antwortet die Dose blau:
„Auch ich bin sehr von Nutzen, schau
ich bin gefüllt mit Pflaumenmus,
bin ein vorzüglicher Genuss,
und tropfe ich einmal daneben,
dann kann ich auch ganz herrlich kleben.

Doch würde es uns zwei nicht geben,
dann könnte Mensch auch prima leben.
Wir nehmen uns, du siehst es richtig,
mitunter einfach viel zu wichtig.

Doch jeder spielt, das ist das Tolle,
im Leben 'ne besondere Rolle."

HOFFNUNG

Schlägt dir die Hoffnung eine Tür
direkt vor deiner Nase zu,
verlerne nicht zu hoffen,
zig andere stehen offen,
verliere nie die Ruh.

Schau aus nach anderen Türen,
lern, welche aufzumachen.
Will's grad auch trübe scheinen,
kommt bald, so will ich meinen,
Freude zurück und Lachen.

SÜSSER SCHNECK

Hey, bist du ein süßer Schneck,
joggtest stolz bei uns ums Eck.
Und ich kam auf den Geschmack,
du bist ein Genießer-Pack!

Schöne Augen, Wuschelhaar,
lange Beine, wunderbar,
super Hüftschwung, Traumgesicht,
und dein Po ist ein Gedicht.

Gang erotisch, heißer Blick,
dich zu sehn ist Sonntagsglück.
Herz und Lende wird mir heiß,
doch du bist besetzt, ich weiß!

GEDICHT FÜR NASCHKATZEN

Schokolade findest du nur hier auf unserer Welt,
wenn du welche naschen willst, dann kaufst du sie für Geld.
Auf dem Mond, da kann man längst über Steine laufen,
doch du kannst auf keinen Fall Schokolade kaufen.
Auf der Sonne kriegst du diese auch für keinen Preis,
denn mein Freund, dort ist es für den Naschkram viel zu heiß.
Auf den Sternen sitzen, lecker Schokolade kaun,
und genussvoll dabei auf die Erde runterschaun?
Unser All ist viel zu kalt, darum geht das leider nicht,
weil die Schokolade dir zu Schokostaub zerbricht.
Drum tu dich an Schokolade hier auf Erden gütlich.
Mach es dir zu Hause auf dem Sofa recht gemütlich.
Da kannst du dann naschen und Kalorien verputzen,
und dein Hündchen Bello hat dabei auch seinen Nutzen.
Danach kannst du locker zwanzig Kilometer rennen
und dabei Kalorien so viel du willst verbrennen.
Drum wer gerne nascht, wer leckre Schokolade liebt,
rette seine Welt, weil's nur hier Schokolade gibt.

KATZENGRÜSSE

Eine tut gut
Eine macht Mut
Eine ist dumm
Eine schmust rum
Eine ist schlau
Eine ist grau
Eine ist dick
Eine bringt Glück
Eine kommt spät
Eine schaut blöd
Eine ist keck
Eine rennt weg
Eine ist schnell
Eine sträubt's Fell
Eine will hupfen
Eine hat Tupfen
Eine möcht liegen
Eine möcht fliegen
Eine ist lustig
Eine ist frustig
Die will verstecken
Die da hat Flecken.

Aber alle Kätzchen wissen,
Sie sollen Dich von … grüßen.
Und dieses Wortwerk, Du wirst schauen,
das passt auf Katzen wie auf Frauen!

DAS STÜCKCHEN BLECH

Da haste nun das Stückchen Blech und fühlst dich hochgeehrt,
weil dieses kleine Stückchen Blech
dir ganz allein gehört.
Hast dir's verdient mit sehr viel Fleiß
und ohne Eigennutz,
nun trägst du dieses Stückchen Blech
als ganz besonderen Putz.

Das Stückchen Blech, es ziert dich nun
wie nichts sonst auf der Welt,
schwellt dir die Brust, drum gib gut Acht,
dass es nicht runterfällt.
Für fremde Menschen ist das Ding
ein bisschen fidel-fadel,
doch wer dich kennt, kennt dein Verdienst,
auch ohne diese Nadel.

DIE BONZEN

Was bist du so gierig und strebst so nach Macht?
Hast du denn noch nicht genug Kohle gemacht?
Manipulierst die Menschen und beutest sie aus,
holst mit Unterdrückung das Letzte heraus.

Du willst immer mehr, bist beherrscht von der Gier,
achtest andere nicht, lässt sie schuften dafür,
für ganz kleines Geld dürfen sie mini-jobben,
die Familie zu nähren kaputt sich robben.

Während du weithin riechbar nach Luxus stinkst
und auf Bonzen-Meetings Champagner trinkst,
deine Familie mit Delikatessen nährst
und zu deiner Jacht noch nen Learjet begehrst.

Den Deal gleich perfekt machst, die Spezis sind hier,
noch zwei Unterschriften und der Flieger ist dir.
Um das Ding zu bezahlen, überlegst du alsdann,
wie man steuertricksend ein Ding drehen kann.

Du lässt dich von fiesen Beratern beraten
und es turnt dich an, anderen damit zu schaden.
Denn wie's denen geht, das ist dir doch egal,
es sind „Human Resources", Menschenmaterial.

Hast mehrere Villen und feierst dort Sausen,
andere müssen in Notunterkünften hausen.
Du trägst teure Fetzen, um dich toll zu fühlen,
andere müssen nach Kleidung in Containern wühlen.

Kennst keine Probleme, der Klüngel ist nah,
der wird für dich tätig, dafür ist er ja da.
Der unterdrückt auch Menschen und hält sie klein,
so habt ihr den Schein, die Größten zu sein.

Und um eure Angst vor dem „Mob" zu stillen,
braucht ihr Bodyguards und Hochsicherheitsvillen.
Ihr schachert euch Reichtum, wollt Könige sein,
sperrt euch in den eigenen Wohlstand ein.

(Ja, sperrt euch ruhig ein, das ist nicht verkehrt,
andere Gangster sind auch eingesperrt.)

Bedenkt, ihr Dummen, euer Leben ist endlich,
eure Villen, das Geld, gar nichts ist beständig.
Heut rennt ihr noch hinter dem Mammon her,
doch schnell stürzt ihr ab und habt gar nichts mehr.

Keinen wirklichen Freund, kein Haus und kein Geld,
dann seid ihr die ärmsten Schweine der Welt.
Es nützt euch nichts, Bonzen, seht das bitte ein,
der reichste Mensch auf dem Friedhof zu sein.

KURZGESCHICHTEN

AUCH GUMMIBÄRCHEN LIEBEN

Es war einmal ein Gummibärchen, das vor langer Zeit lebte. Es kam zwar mit seinen Kollegen in der Tüte sehr gut zurecht, aber es liebte einen Eiswürfel, der im Kühlschrank lebte. Das kleine Bärchen kämpfte sich durch die Stofftiere, über das Bett bis zum Fußboden. Dort schlief Franz, das Gummibärchen, bis zum nächsten Morgen.

An diesem Tag wäre Franz fast von einem Kater, der immer zwischen den Blumentöpfen saß, erwischt worden, denn da musste er durch, um zu seinem Freund, der Sicherung, zu kommen. Das kleine Gummibärchen ging zu der Sicherung und bat sie, sich in genau fünf Stunden auszuschalten. Die Sicherung wollte ihm diesen Gefallen tun und Franz ging zum Kühlschrank und wartete, bis einer der Familie ihn aufmachte.

Als sich der Sohn Ralf ein Joghurt aus dem Kühlschrank holte, sprang Franz hinein und wartete, bis sich die Sicherung ausschaltete und der Eiswürfel Gabi langsam wieder zu Wasser wurde. Dann sprang Franz in die Form des halb aufgetauten Eiswürfels und wartete, bis sich die Sicherung wieder einschaltete und der Eiswürfel Gabi erneut gefror.

Die beiden lebten glücklich zusammen, bis sie starben.
(Bis sie in einem Cocktail landeten.)

Geschrieben von meinem Sohn Björn Hagen, 1993 in der 8. Klasse.

EIN TAG ALS WERBEDAME

Da kannste was erleben!!!
Und – lächeln allein genügt nicht

Ein Zeit lang ist es nun her, dass ich mich entschloss, einen Mini-job als Werbedame anzunehmen. Ich war immer eine sehr gute, jetzt aber krankheitsbedingt aus der Bahn geworfene Verkäuferin. Nun fehlten mir ganz einfach die Gespräche mit den Kunden. Was lag also näher, als mir zum Wiedereinstieg – vorerst nur für ein paar Stunden belastbar – einen „kleinen Verkaufsjob" zu suchen. So ziehe ich nun jede Woche, perfekt ausgestattet wie ein alter Promotion-Hase, los.
Unter dem Arm, in einer Designermappe mit Firmenlogo, meinen Einsatzplan mit Ort und Uhrzeit. Der faltbare Werbestand, bussinesslike in einer schwarzen unkaputtbaren Reißverschluss-Umhängetasche verstaut, hängt beeindruckend voluminös über meiner Schulter. Klamotten, Haare, Make-up – nahezu perfekt!

Meine „Kundenfalle" ist mit wenigen Griffen aufgebaut. Die Produkte verlockend aufgereiht und die Werbeartikel mit Magnet- und Sog-wirkung lässig hindekoriert. Nicht zu vergessen das mir von der Natur geschenkte immer freundliche Lächeln. Für die nächsten sechs Stunden ist es fest in meinem Gesicht fixiert. Ich bin gerüstet.

Nun bin ich weiß Gott keine von denen, die auf Biegen und Brechen verkaufen müssen und nach Umsatz bezahlt werden. Nein – ich bin zum Werben da und in der wunderbaren Lage, Leute zu beschenken, sprich Kostproben auszuteilen. Umso interessanter sind die verschiedenen Reaktionen der Kunden, von denen ich nun einige zum Besten geben möchte:

Voraus geht meinerseits immer ein Freundliches: „Guten Tag, darf ich Sie kurz ansprechen? Ich mache Werbung für gesundes Mineralwasser aus der Oberpfalz!"

Der Ablehnungskunde: Sieht beim Hereinkommen den Werbestand, ballt sein Gesicht zur Faust und schießt an mir vorbei, ohne mich eines Blickes zu würdigen. (Dabei bin ich durchaus einen Blick wert!)

Der Muffel: „Sehe ich, ich kann lesen!!!"

Der Abschmetterkunde: „DAN-KE!!!", noch bevor ich Gelegenheit habe, den Mund aufzumachen. (Lass ich gelten, klare Aussage.)

Der Eilige: Antwortet freundlich: „Danke", und eilt weiter. (Ist ok.)

Der höfliche Niveauvolle: Bleibt kurz stehen, hört sich an, was ich zu sagen habe, und antwortet dann freundlich, dass er das Produkt wohl kenne, auch schon probiert habe, es aber nicht seinem Geschmack entspreche. (Ehrlich und in Ordnung.)

Der höfliche Begriffsstutzige: Bleibt stehen, hört sich mein Angebot an, lächelt überfreundlich und gibt dabei komische Laute von sich, die wie ungeübtes Kichern klingen. Hn-hn, he-he, he-he-he-hi, um mir dann zu sagen, dass er das nicht trinken dürfe, sondern nur Mineralwasser und Getränke ohne Zucker. (Genau das ist es doch, was ich vertrete. Ich spreche nicht Suaheli, ehrlich!)

Und auf mein Angebot, ihm eine Probierflasche zu schenken, höre ich wieder dieses He-he-hn-hi-he, er dreht sich um und ist im nächsten Gang verschwunden.

Der neugierige Kunde: Kommt freundlich auf mich zu, schaut, lässt sich interessiert informieren, nimmt einen Kasten Mineralwasser mit oder bekommt zumindest die interessanten Informationen und eine Gratisflasche.

Der Abstauber: Will eigentlich gar nicht hören, was ich zu sagen habe, sondern nur haben, was er kostenlos mitnehmen kann.

Der gnadenlose Händler: Will handeln, wie auf dem Basar. Möglichst viele Zugaben und Werbeartikel, auch wenn er sie nicht gebrauchen kann. Nur um des Handelns willen. (Hat mir einer selbst gestanden!)

Der Charmeur: Männlicher Kunde, der am Stand anwächst, um Becher für Becher gratis Wasser zu trinken und mir ein Ohr abzukauen. Verwechselt meinen Mineralwasserstand mit einer Bar.

Der Witzbold: „Danke, ich trinke nur alkoholfrei!"

Der Depp: Kommt mit Leergut unserer Produkte, ist also bereits Kunde. Schmettert mich dermaßen unfreundlich ab, ohne zu gucken oder zu hören. Kauft unsere Produkte. Geht, weiter aggressiv, durch die Kasse. Ohne Zugaben. Selber schuld!

Der Idealkunde: Freundlicher, aufgeschlossener Kunde, der erst einmal zuhört, dann interessiert Fragen stellt, die ich ihm beantworten kann. Der dann zum Kennenlernen einen gemischten Kasten nimmt, sich über die Zugaben freut und auch auf das neue Geschmackserlebnis.

Der entspannte Genießer: Ist der, der freudestrahlend auf mich zukommt, weil er am Firmenlogo erkennt, dass heute sein Lieblingsprodukt in der Werbung ist, von einer charmanten Frau angeboten, und es obendrein noch Zugaben gibt. Hier sind beide glücklich und zufrieden, der Kunde und die Werbedame.

Liebe Leser, vielleicht finden Sie sich in einem dieser Beispiele wieder und erinnern sich daran, wenn Sie der nächsten Werbedame begegnen. Lächeln Sie doch zurück und schenken ihr ein paar Sekunden Ihrer wertvollen Zeit. Daraus kann ein wirklich nettes Gespräch entstehen. Sie werden um einige Informationen reicher sein und obendrein bekommen Sie noch etwas geschenkt!

Aber Sie haben ja recht. Auch die Werbedamen sind nicht alle gleich!

LIEBER VATER STAAT

heute möchte ich mich einmal mit ein paar Zeilen an Dich wenden. Der Anlass meines Briefes ist nicht gerade lustig. Aber alle, die mich kennen, sagen, dass ich ein spaßiger Mensch bin. Dass ich Tiefschläge, Traurigkeit und Ungerechtigkeit mit meinem Humor erträglich gestalten kann.

So möchte ich es auch in diesem Brief halten, Papa, und habe mich entschlossen, Dir die Turbulenzen meiner 60 Lebensjahre in Deiner Obhut als Rummelplatzbesuch vor Augen zu führen.

Jeden einzelnen Tag habe ich versucht, Deine oftmals abstrusen Kirmesregeln zu verstehen und danach zu leben.

Doch nach dieser jahrzehntelangen schwindelerregenden Achterbahn-Gruselfahrt bin ich nun hart am Boden der Tatsachen aufgeschlagen und habe das dringende Bedürfnis, meiner Empörung darüber einmal gründlich Luft zu machen.

Anfangs machte es noch Riesenspaß, auf den Rummelplatz zu gehen. Ich verdiente genügend Geld, um mir diese Besuche leisten zu können. Sozusagen als Lohn für ehrliche Arbeit, Fleiß und Beständigkeit. Kicher.

Doch auf einmal schienen die Schreckgespenster aus der Geisterbahn der Kanzlerhochburg ausgebrochen zu sein und auf dem Rummel ihr Unwesen zu treiben. Nichts wollte mehr klappen. Nichts war mehr einfach, alles war plötzlich wie verhext.

Zuerst fiel es mir beim Hau-den-Lukas auf. Nicht ich war diejenige, die ausholte, um draufzuhauen, nein, ich selber bekam dermaßen eine vor die Birne, und das Scheppern von Lukas' Klingel hörte sich an wie die Glocke des Bundestagspräsidenten.

Ich ging weiter, um mein Glück beim Fädchenziehen zu versuchen. Kaum stand ich aber an der Bude, als die verhexten Fäden auf mich zuschossen, um mich in Windeseile in eine sich zwar sträubende, aber dennoch folgsame Marionette für die Berliner Fadenzieher zu verwandeln.

Man ließ mir gerade noch so viel Freiheit, um meinen Frust und die angestaute Aggression beim Dosenwerfen abzubauen. Doch was geschah? Noch ehe ich selber werfen konnte, flogen mir schon sämtliche Bälle mitsamt den Dosen um die Ohren. Als ich wieder zu mir kam, fand ich mich selbst auf der Rampe als eingedelltes Zielobjekt für knallharte Steuergeschosse.

Nach dieser schmerzhaften Erfahrung lechzte mein geschundener Körper nach wohltuender Tröstung. Ich entdeckte einen voluminösen Traum aus Zuckerwatte. Den gönn ich mir, dachte ich, führte ihn an den Mund, um zu genießen. Doch der Traum zerrann im Nu und übrig blieb ein NICHTS, wie bei meinem Gehalt nach Abzug der Steuern.

Ähnlich erging es mir mit dem Bier, das ich dringend nötig hatte, um die klebrigen Reste der vorangegangenen Luftnummer wegzuschlabbern. Ich war gerade damit fertig, meine Oberlippe nach dem ersten Schluck vom Schaum zu reinigen, da war der Maßkrug auch schon leer. Es waren Schaumschläger am Werk, ähnlich wie bei Dir, Vater, in Berlin.

Nun stand mir der Sinn nach etwas Liebenswertem, Lebendigem. So bewegte ich mich, vollkommen ernüchtert, auf das Pferdekarussell zu. Doch kam ich gar nicht erst dazu, aufzusteigen, als der Amtsschimmel schon bockte und wild wiehernd nach mir auskeilte.

Mein Geld war fast alle – für nichts. Ich dachte mir, vielleicht sollte ich ins Spiegelkabinett gehen, damit ich wenigstens die Illusion erlebe, ein paar Euro mehr in der Tasche zu haben. Doch schon am Eingang stand ein Magier, der mir mit eingeübten Schäuble Griff die Börse erleichterte. Die Zerrbilder, die man mir dort bot, ließen meinen heißen Wunsch nach einem sichtbaren Stückchen heile Welt in einem diabolischen Merkel-Grinsen zerfließen.

Mit nun fast gänzlich leerer Tasche enterte ich mit letzter Kraft die Losbude, um mit hängender Zunge und tränenden Augen einen kleinen Zipfel vom Glück zu erhaschen. Die Gewinne schienen sehr verlockend. Doch nach Einsatz meines gut gehüteten Notgroschens stellte sich heraus, dass ich anstatt eines bescheidenen Gewinnes nur „Berliner Nieten" in den Händen hielt.

Wie es nun weitergehen soll, lieber Vater, steht in den Sternen. Oder sollte ich die Wahrsagerin vom Rummel fragen, ob ich mir morgen noch ein Essen leisten kann?
Oder das verbliebene Geld lieber gleich in ein paar Würstchen investieren, wenn schon der Sprit für die Heimfahrt nicht mehr reicht?

Bald werde ich arbeitslos sein, weil von meinem Lohn nicht mehr genug bleibt, um mein Auto und den Sprit für die täglichen 150 km zum Job und zurück zu finanzieren. BVB oder Jobtickets gibt es in unserer verwunschenen Gegend nicht. Deshalb überlege ich, ob ich mich als Mitreisender dem fahrenden Rummelbetrieb anschließe. Vielleicht komme ich dann bald einmal per Autoscooter bei Dir in Berlin vorbei. Es wäre doch eine Gaudi, Dich einmal mit nur ein paar wenigen Euros in der Tasche durch den Angela-Zauber unseres täglichen Rummels zu schicken. Nur so könntest Du den Riesenspaß der Deutsch-Michel-Verarschung hautnah erleben, Du lieber Vater Staat.
Vielleicht schaffe ich es mit dem fahrenden Rummel sogar bis ins Ausland. Dorthin darfst Du mir dann meine kümmerliche Rente schicken, von der ich hier bei Dir, nach vielen, harten Arbeitsjahren, nicht leben könnte. Dass Auswandern gezwungenermaßen im Trend liegt, kann man täglich im Fernsehen sehen und lernen. Und als dummer Michel denke ich mir, die werden schon Recht haben.
Deine und meine Kinder und Kindeskinder tun mir hoffnungslos leid.

TISCHGESPRÄCHE

M: Gaaabel, hallo, Gabel, was treibst du denn da oben im Teller?
Das kratzt und krächzt ja fürchterlich
G: Wer stört?
M: Hier, ich bin's, Messer, der scharfe Typ aus dem Besteckkasten.
Schau mal über den Tellerrand, du bist so beschäftigt und siehst
mich nicht.

G:Ich bin hier in den Nudeln zugange. Mit Löffel.

M: Löffel? Wer ist das denn? Etwa der mit dem dicken Bauch?

G: Ja, genau der. Aber die Bewegung in der Tomatensoße tut
ihm gut.

M: Meine Güte, jetzt habe ich ihn gesehen. Hey, Gabel, der Kerl
hat ja nicht nur eine dicke Wampe, sondern auch noch Pickel
wie ein Streuselkuchen!

G: Meinst du wegen der Punkte, die er an sich hat? Das sind
Thymian, Oregano und Basilikum, die Spaghettiwürzer, die
sind so anhänglich, die bleiben überall kleben. Auch an Löffel.

M: Gegen den dicken, fettigen Löffel bin ich ja eine Augenweide –
schlank, scharf, immer gut in Form, mit blank geputzten Zähn-
chen und allzeit bereit!
Willst du einen Augenschmaus, schau mal über'n Teller raus!

G: He, du Aufschneider, halt mal die Klappe und lass mich meinen
Job in Ruhe machen.

M: Welchen Job? Soll das, was du da treibst, etwa arbeiten
sein? Das sieht mir eher nach einem heißen Tango aus, so wie
du da mit dem dicken Löffel herumtänzelst, dich an ihm reibst

und mit deinen spitzen Stelzen auf ihm herumorgelst – na, ich weiß nicht!

G: Du bist vielleicht bekloppt, hast du noch nie gesehen, wie Spaghetti gegessen werden?
Die werden um die Gabel gedreht, also um mich, du Dussel.
Der Mensch dreht mich immerzu – huch, jetzt ist mir schon ganz schwindlig –, er dreht und dreht mich am Löffel, bis meine schlanken Glieder mit Spaghetti umnudelt sind. Dann stopft er mich samt der Teigwürmern in seinen Mund. Du kannst ihn schmatzen hören.

M: Ach, du liebe Zeit, das klingt ja schrecklich und ist richtig Stress für dich. Dagegen habe ich es hier richtig angenehm.

G: Das hast du dir so gedacht. Mein Spaghetti-Tango ist erst die Vorspeise. Danach kommst nämlich DU zum Einsatz. Da gibt es ein dickes, zähes Steak. Daran kannst du dich dann beweisen, du Aufschneider. Huch, nun dreht er schon wieder. Wenn das nicht bald aufhört, wird mir schlecht und meine Zinken verknoten sich. Ich komme mir vor wie ein Brummkreisel.

M: Was sagst du da, du meinst, ich komme auch noch dran? Jetzt weiß ich auch, warum man mich so scharf gemacht hat! Dabei liege ich hier so schön auf einer weichen Serviette. Ich dachte, wenn du fertig bist, könnten wir ein bisschen, na ja, ich meine, ich dachte, wenn du fertig bist und nicht zu schwindelig, kommst du ein wenig zu mir herunter und ich zeige dir meine Sägezähnchen und meine scharfe Klinge.

G: Was du alles denkst. Wenn ich h-hier fertig bi-biiiiin – ich kann schon gar nicht mehr richtig sprechen. Also wenn ich hier fertig bin, liege ich neben dem Teller und du bist im Einsatz. Dann kann sich deine scharfe Klinge am zähen Steak austoben, du Angeber. Und wenn du deinen Job erledigt hast, wollen wir mal sehen, wie scharf du dann noch bist!

D: Vorsicht, ich höre alles mit. Ihr habt aber unanständige Themen.

M: Wer ist denn hier unanständig? Wer belauscht denn andere? Wer bist du denn überhaupt?

D: Streck dich mal ein wenig. Ich liege hinter dir, hinter deinem Kopf. Ich bin der Dessertlöffel, ein ganz Süßer. Du scharf, ich süß, das gäbe schon was, meinst du nicht?

M: Was ich meine? Ich werde gar nicht gefragt. Die Gabel ist fertig, sie wurde eben schmutzig und ganz schwindlig auf der anderen Tellerseite abgelegt. Und der mit dem dicken Bauch gleich daneben. Das Schmatzen hat aufgehört, das bedeutet, dass ich nun ranmuss. Ich dachte ja, diese schlanke Gabel leistet mir heute Abend Gesellschaft, so schön schmutzig, bei Kerzenlicht auf der weichen Serviette.
Aber eben brachte so ein wichtigtuerischer Schnösel eine andere Gabel, total unmodern, ziemlich abgegriffen, die Zinken verbogen. Ich bezweifele, dass die noch in der Lage ist, das Steak ordentlich aufzuspießen. Da werde ich mich ganz schön anstrengen müssen. Huch, da kommen auch schon die Hände mit den dicken Wurstfingern. Ich glaube, ich bin beim bloßen Anblick der alten Spießerin grün angelaufen. Und so was mir!!!

G: Hi-hi, das ist doch mal was. Viel Spaß mit der alten Forke. Ich ruhe mich derweil gemütlich am dicken Bauch vomLöffel aus.

D: Armer Scharfer, da werde ich mich mit meinem süßen Pudding wohl alleine vergnügen müssen. Denn nach der Nummer mit der alten Kratze könnte es sein, dass dein verschärftes Ego ziemlich stumpf ist, dass deine Sägezähnchen nichts Süßes mehr vertragen. Schade!
Naja, vielleicht sehen wir uns ja dann alle bei einem fluffigen Schaumbad oder im Whirlpool der Spülmaschine wieder.

DER KLEINE VOGEL IM REGEN

Neulich hatte ich wieder einmal einen ganz grauen Tag. Das Aufstehen geschah mit dem linken Fuß. Im Bad stellte mir die Fußmatte kein Bein, sondern eine Falte. Ich konnte mich gerade noch am Waschbecken festhalten, bevor ich mit meinen neuen Zähnen darauf aufschlug.

In den Spiegel traute ich mich nicht zu schauen, hatte bei meiner Laune auch keine Lust dazu. Die Morgentoilette brachte ich in Mogelform hinter mich. Wie gesagt, ich schaute ja auch nicht in den Spiegel. Sollte ich frühstücken? Meine Figur riet mir ab, doch mein Steinbock-Sturschädel gewann.

Essen, dachte ich mir, hilft bestimmt aus dem Tief heraus. Etwas herrlich Warmes, Süßes.
Auch wieder nix, ich bin ja Diabetikerin. Mein Frust stieg.
Scheiß Diabetes. Der hing sich vor einigen Jahren an mich ran, obwohl ich gar nicht wollte. Bei den Männern ist das anders. Da würde ich wollen, aber keiner hängt sich an mich dran.
Frust stieg weiter.

Als ich meinen Schnellkaffee mit heißem Wasser aufgoss, schüttete ich mir einen guten Teil über den den Topf haltenden Daumen. Das konnte doch wohl nicht wahr sein! Ich raffte nach dem Kaltwasserhebel, um den Schmerz zu stillen, und stieß, man wird es nicht glauben, den Kaffeetopf um.
Der Frust stieg in Gleich-flipp-ich-aus-Höhen und deshalb beschloss ich, nun nichts mehr zu tun, außer auf meiner Liege auf dem Balkon lauernd diese gefährliche Phase vorüber gehen zu lassen. Mit dem schmerzenden Daumen im Kaltwasserglas schritt ich zum Tor in die Freiheit, öffnete es, nur um festzustellen, dass es regnete.
Kurz bevor ich mich in meiner Verzweiflung vom Balkon stürzen konnte, hörte ich im Rauschen des Regens eine Vogelstimme.

Hhhhh? Der Vogel hat wohl einen Vogel, war mein erster Gedanke.

Wie kann der bei Regen singen?

Doch brachte mich das zum Nachdenken.

Diese kleine Kreatur saß da alleine auf der Stromleitung, bekam nasses Gefieder, hielt dem Wind stand und trällerte doch froh vor sich hin.

War das nicht ein hoffnungsvolles Zeichen für mich?

Plötzlich schämte ich mich.

Mein Frustpegel senkte sich fast auf Normalwert. Mein Daumen tat plötzlich kaum mehr weh. Das Wasser goss ich aus dem Glas in einen Blumentopf. Die Welt erschien mir mit einem Mal wieder freundlich. Ich schaute in den Spiegel und lächelte mich an.

Hatte mir doch dieser kleine Piepmatz gezeigt, dass man, egal ob man alleine ist, ob man im Regen steht, Sturm ausgesetzt ist und egal, wie schlimm es kommt

DARAUF PFEIFEN KANN!

DIE KLEINE RÜBE RUNZELSTRUNK

Mitten auf einem Bauernhof stand an einem schönen Frühlings-
tag eine riesige Kiste. Was darin war? Eine groooooße Zahl frischer
Rübenpflänzchen, die der Bauer ganz dringend ins Feld setzen musste.
Doch inmitten dieser Rübenpflänzchen befand sich eines, das viel
kleiner war als die anderen. Es konnte zwischen den größeren gar
nicht die Sonne am Himmel sehen. Und auch nicht die Vögel-
chen, die es so schön singen hörte. Das Pflänzchen klemmte mit
seinen kleinen Wurzelchen in den paar Körnchen Erde, die in
der Kiste waren, um sie frisch zu halten.
Aber das kleine Pflänzchen hatte noch ganz andere Sorgen. Es
war nämlich schon im Frühbeet so sehr eingeklemmt, dass es
sich nicht richtig entwickelte. Seine Blättchen konnten sich nicht
entfalten und wurden dadurch ein wenig knitterig. An einem
Blättchen hatten sich wie bei einem Muster Runzeln gebildet.
Deshalb nannten die anderen es immer Runzelstrunk.
RUNZELSTRUNK!
Ein Pflänzchen hieß Grünblättchen, ein anderes Rübelein oder
einfach Wurzelchen. Aber Runzelstrunk, das war kein schöner
Name, und das Pflänzchen war traurig. Aber was sollte es tun?
Es klemmte ja noch immer in der Kiste und konnte sich nicht
einmal bewegen.
Da kam der Bauer mit Franz, dem Knecht. Die beiden waren
starke Männer und luden die Kiste mit einem großen „Hau-
Ruck" auf den Traktor. Und knatter, knatter ging es aus dem
Hof, durch das Dorf, über Wege hin zum gepflügten Feld. Franz
und Bauer Reimer wuchteten die Kiste samt Pflanzen, wieder
mit einem ??? Hau-Ruck hinunter auf das Feld.
Und bald machten sie sich an die mühsame Arbeit, die Pflänz-
chen zu stecken.
Der Abend nahte und Grünblättchen, Rübelein und Wurzelchen
waren längst in den Acker gepflanzt. Den kleinen Runzelstrunk
hatten die beiden immer wieder aus der Hand gelegt, weil er so
unscheinbar und knitterig war. Fast wollte der Bauer ihn mit der

restlichen Erde in der Kiste auf das Feld kippen, als er dachte: Stopp, jeder bekommt eine Chance, auch dieses runzelige Ding hier. Sprachs, und pflanzte es an einer beliebigen Stelle ein.

Nun hatte unser Runzelstrunk seine Wurzelchen im Boden und zog sich schnell Nahrung daraus. Er wollte leben und groß werden wie die anderen.

Runzelstrunk hatte das große Glück, dass der Bauer es in die hinterste Ecke gepflanzt hatte. Dort war es geschützt vor Sturm und Hagel, vor Mensch und Tier.

Bald verbreitete sich das Gerücht auf dem Feld, dass der kleine Runzelstrunk gar nicht mehr so klein sei. Er würde wachsen, schneller als alle anderen. Auch seine Blättchen würden sich schon ein wenig glätten.

Dann hörte man, dass das starke Grünblättchen vom Hagel zerschlagen worden war.

Rübeklein hatte keinen Regen abbekommen und war vertrocknet. Und Wurzelchen an der Ecke wurde immer wieder von Hunden angepinkelt, was ihm nicht gut bekam, und so kümmerte es dahin.

Hasen kamen und knabberten die Rüben an, das war täglich ein großes Festmahl für sie.

Viele der anderen Rüben wurden, als sie größer waren, von Menschen herausgerissen und einfach mitgenommen. Das durften die Menschen natürlich nicht, weil die Rüben dem Reimerbauern gehörten. Aber Menschen tun oft verbotene Dinge.

Aber am allerschlimmsten war es, wenn nachts die Rotte Wildschweine kam und im Feld zu graben anfing. Sie warfen viele, viele Rüben einfach heraus, fraßen sie an und ließen sie dann liegen. Warum?

Weil Wildschweine einfach gerne graben und wühlen und mit ihren Rüsseln in der Erde herumschnuffeln.

Dabei richten sie mit dem Wühlen mehr Schaden an als mit dem Fressen.

So hatte der Bauer Reimer viele Rüben verloren, und das ärgerte ihn natürlich sehr.

Unsere kleine Rübe Runzelstrunk war an ihrem geschützten Platz ungestört gewachsen. Sie war nun eine dicke, saftige Speiserübe geworden. Ihre Blätter hatten sich gut entfaltet und glänzten stolz und gesund im Sonnenlicht. Ja, man meinte sogar, sie würden länger aus dem Feld ragen als alle anderen. Sie glänzen so satt und hell, dass jeden Tag ein wunderschöner bunter Schmetterling auf ihnen Platz nahm, um zu ruhen und seine Flügelchen zu putzen.

Dann kam der Herbst und mit ihm die Erntezeit. Bauer Reimer und der Knecht Franz kamen zum Feld und begannen mit der Ernte. Eine Rübe nach der anderen wurde aus der Erde gezogen und auf den Anhänger geworfen.

Und ganz zum Schluss kam Bauer Reimer auch an die Stelle, an die er das kleine Pflänzchen Runkelstrunk gesetzt hatte. Er konnte kaum glauben, was er sah.

Daaaaaas war aus diesem mickrigen Ding geworden? Das war nicht zu fassen!

Aber er erkannte die Rübe doch ganz genau wieder, an dem einen Blatt, das dieses besonders runzelige Muster hatte. Das war das Pflänzchen, das er fast weggeworfen hätte?

Die schönste Rübe auf dem ganzen Acker war daraus geworden! Besonders vorsichtig, damit er nur ja kein Blatt beschädigte, zog Bauer Reimer Runzelstrunk aus der Erde und legte sie behutsam zu den anderen auf den Wagen.

Dieses Wunder musste er seiner Frau und seinen Buben zeigen, die würden staunen!

Die Rübe Runzelstrunk ging zu Hause von Hand zu Hand und wurde tüchtig bewundert.

Frau Reimer nahm sie mit auf den Wochenmarkt und erzielte mit Runzelstrunk den besten Preis aller Rüben der letzten Jahre.

HERZ FÜR AUTOREN A HEART FOR AUTHORS À L'ÉCOUTE DES AUTEURS MIA KAPΔIA ΓΙΑ ΣΥ
HJÄRTA FÖR FÖRFATTARE UN CORAZÓN POR LOS AUTORES YAZARLARIMIZA GÖNÜL VERELIM
UORE PER AUTORI ET HJERTE FOR FORFATTERE EEN HART VOOR SCHRIJVERS TEMOS OS AU
CORAÇÃO BCEЙ ДУШОЙ К АВТОРАМ EIN HERZ FÜR AUTOREN A HEART FOR AUTHORS À L'ÉC
AUTEURS MIA KAPΔIA ΓΙΑ ΣΥΓΓΡΑΦΕΙΣ UN CUORE PER AUTORI ET HJERTE FOR FORFATTERE EI
CORAÇÃO BCEЙ ДУШОЙ К АВТОРАМ ETT HJÄRTA

Die Autorin

Petra Hagen, geboren 1952 in Ober-
franken, absolvierte eine Ausbildung
zur Dekorateurin.
Kreativität wurde ihr in die Wiege ge-
legt. Diese Gabe half ihr immer über
schwere Zeiten hinweg. Unfrieden
im verwandtschaftlichen Umfeld,
Mobbing im Beruf, Krankheit und
Klinikaufenthalte prägten die Mutter
von zwei Söhnen. Seit einigen Jahren lebt Petra
Hagen mit einem neuen Partner in der Gegend
zwischen Köln und Bonn. Dort findet sie ihre
innere Ruhe, ist musisch tätig und genießt Glück
und Stille am schönen Rhein.

Petra Hagen schreibt nicht nur, was sie sieht,
sondern vor allem, was ihr Herz dazu sagt. Ihre
Ideen bezieht sie aus Geschehnissen aus dem Um-
feld -, von Freunden, Verwandten, Nachbarn oder
auch Fremden. Ihre Gedichte und Geschichten
beinhalten das ganze Spektrum der menschlichen
Gefühlswelt.

Der Verlag

„Semper Reformandum", der unaufhörliche Zwang sich zu erneuern begleitet die novum publishing gmbh seit Gründung im Jahr 1997. Der Name steht für etwas Einzigartiges, bisher noch nie da Gewesenes.

Im abwechslungsreichen Verlagsprogramm finden sich Bücher, die alle Mitarbeiter des Verlages sowie den Verleger persönlich begeistern, ein breites Spektrum der aktuellen Literaturszene abbilden und in den Ländern Deutschland, Österreich und der Schweiz publiziert werden.

Dabei konzentriert sich der mehrfach prämierte Verlag speziell auf die Gruppe der Erstautoren und gilt als Entdecker und Förderer literarischer Neulinge.

Neue Manuskripte sind jederzeit herzlich willkommen!

novum publishing gmbh
Rathausgasse 73 · A-7311 Neckenmarkt
Tel: +43 2610 431 11 · Fax: +43 2610 431 11 28
Internet: office@novumverlag.com · www.novumverlag.com

5

Made in the USA
Lexington, KY
05 September 2014